儿童游戏译丛
——译丛主编 / 刘焱——

仅仅是游戏吗

——游戏在早期儿童教育中的作用与地位

Just playing?

the role and status of play in early chiledhood education

[英] 珍妮特·莫伊雷斯 ／ 著

刘 炎 刘峰峰 雷美琴 ／ 译

刘 焱 ／ 审校

北京师范大学出版集团
BEIJING NORMAL UNIVERSITY PUBLISHING GROUP
北京师范大学出版社

图书在版编目(CIP)数据

仅仅是游戏吗：游戏在早期儿童教育中的作用与地位/(英)莫伊蕾斯(Moyles, Janet R.) 著；刘焱，刘峰峰，雷美琴译. — 北京：北京师范大学出版社，2010.10(2025.1 重印)
(儿童游戏译丛)
ISBN 978-7-303-10955-5

Ⅰ. ①仅… Ⅱ. ①莫… ②刘… ③刘… ④雷… Ⅲ. ①游戏－早期教育：儿童教育－研究 Ⅳ. ①G613.7

中国版本图书馆 CIP 数据核字(2010)第 065501 号

出版发行：	北京师范大学出版社 https://www.bnupg.com
	北京市西城区新街口外大街 12-3 号
	邮政编码：100088
印　　刷：	北京虎彩文化传播有限公司
经　　销：	全国新华书店
开　　本：	730 mm×980 mm　1/16
印　　张：	14.25
字　　数：	192 千字
版　　次：	2010 年 10 月第 1 版
印　　次：	2025 年 1 月第 7 次印刷
定　　价：	29.00 元

策划编辑：张丽娟		责任编辑：张丽娟	
美术编辑：焦　丽		装帧设计：焦　丽	
责任校对：李　菡		责任印制：赵　龙	

译者的话

　　学前期是特殊的游戏期。游戏是学前儿童的基本活动。强调游戏对于儿童早期学习和发展的重要性，"游戏是幼儿的工作""让幼儿在游戏中学习"，早已成为放之四海而皆准的幼儿教育的重要原则或信条，长期以来对幼儿教育产生了广泛而深刻的影响，成为幼儿教育区别于中小学教育的一个显著标志。但是，近年来以早期教育名义出现的各种"提前开始"的学业和技能训练正在挤占幼儿游戏的时间和空间，压榨幼儿宝贵的童年时光。理论上、口头上重视游戏而实践上、行动上轻视和忽视游戏，已经成为一种在幼儿教育领域中普遍存在的"游戏困境"。虽然游戏被明文规定应当成为幼儿园的基本活动，但是在实践中，游戏却往往成为可以被随意从活动日程表中拿掉的"最不要紧的"活动。如何对待儿童的游戏、是否坚持幼儿园"以游戏为基本活动"，事实上已经成为近二十多年来幼儿园教育改革中的一个焦点问题。

　　"他山之石，可以攻玉"，阅读这套游戏译丛，我们不仅可以了解英国的早期教育研究者和实践工作者面对"游戏困境"所作的选择和坚持力行的教育信念，也可以进一步了解游戏的价值和重要性。

　　这套译丛由五本书构成：

　　珍妮特·莫伊蕾斯（Janet R. Moyles）编著的《仅仅是游戏吗——游戏在早期儿童教育中的作用与地位》讨论了游戏和学习的相互关系，从语言、问题解决和创造性三个重要的发展领域论述了

1

游戏的价值和成人（包括幼儿教师和父母）应当在幼儿的游戏中扮演的角色，并且具体地讨论了幼儿教师组织和指导幼儿游戏的途径和方法有哪些、在游戏中如何观察和评价幼儿的学习和进步、儿童游戏和成人游戏有何区别等。本书在写作上的一个鲜明特点是注意利用鲜活的实例来说明游戏的价值和意义。例如，每一章首先呈现教育情境中的游戏实例，然后讨论分析蕴涵其中的明显的和潜在的学习，并就如何激发和维持儿童的学习提出建议。本书最后对儿童游戏与成人游戏的言简意赅的论断振聋发聩："儿童游戏是为了面对现实世界，而成人游戏则是为了逃避现实世界！"

由珍妮特·莫伊蕾斯主编的《游戏的卓越性》是一本论文集。该论文集邀请了多位英国著名的学前教育研究者、教育者讨论关于游戏理论和教育实践的关系。游戏的卓越性在于游戏的多样性和灵活性。不同的作者从不同的角度探讨游戏的价值，为我们展示了一幅关于儿童游戏的教育意义的丰富多彩的画卷。通过阅读这些论文，我们既可以了解英国研究者和教育者对于游戏作为幼儿独特的学习方式和学前教育（包括课程与教学）以儿童为中心、以游戏为基础的文化认同和专业认同："就儿童个体而言，任何对游戏价值的怀疑都应当受到批判"；也可以通过书中给出的大量具体案例，了解怎样通过为幼儿创设适宜的游戏条件和适宜的指导干预，促进幼儿在读写、艺术、数学、科学等各个领域中的学习。同时，研究者也为教师鉴别、评价和监控他们在教室中创设的游戏环境的质量提供了一个比较完善的理论框架。每篇论文都可以作为一个相对独立的章节来阅读，但它们彼此之间在内容上又可以构成一个相互联系的整体。

《通过游戏来教——教师观念与课堂实践》是一份探讨幼儿教师的游戏观念和实践行为关系的研究报告。长久以来，西方幼教工作者深信自由游戏对于幼儿学习和发展的价值和意义，"观察与等待"被看做是教师在幼儿游戏中应当扮演的角色。但是，以社会建构主义为理论基础的现代教育改革认为游戏不应当被看做一种自由的和完全无结构的活动，质疑自我发现的方法对于缺乏经验的年幼的学习者的作用，认为仅仅强调幼儿通过游戏学习是不够的，"通过游戏来教"正是一个完整的教育等式所缺失的另外一半，要求教师为幼儿提供"高质量的、有目的的游戏"和"有价值的活动"，强调为幼儿设计和提供以游戏为突出特征、学习内容广泛且平衡的课程的重要性。这不仅提出了关于"高质量的"学前教育的新的价值判断标准，也对传统的以儿童中心主义为理论基础的结构松散的学前教育环境和对幼儿游戏放任自流的态度提出了重大的挑战。如何通过游戏来教从而确保游戏能够被包含在课程框架之中，对于许多实践工作者来说，从理念到行动上都需要发生转变。尼尔·本内特（Neville Bennett）、利兹·伍德（Liz Wood）和休·罗格（Sue Rogers）认为要提高教室中游戏的质量，必须通过深入教室现场去研究教师关于游戏的观念（理论）和行动（实践）之间的关系以及影响教师观念转变为行动的中介因素。因为"当我们在争论游戏在学前教育课程中所处的地位时，我们实际并不了解教师到底在做些什么以及教师为什么要这么做。我们不清楚教师的理念如何影响到他们的实践，以及有些什么因素在作用于这些影响"。本书的第一章和第二章综述了关于游戏问题的各种观点和理论上的变化以及有关教师观念与行动方面的相关研究，提出了研究的目的和意义。第三章采用"概念图"（concept map）的方法描述了教师关于游戏的观念（理论），研究表明教师关于游戏的观念在"概念图"中可以用六个相互联系的关键领域表现出来，包括游戏的本质、学习和游戏的关系、教师的角色、课程的组织和计划、儿童学习的评价以及影响观念转变为行动的限制因素等。不同的教师对于这些问题的看法具有惊人的相似性。第四章分析了教师观念（理论）与行动（教育实践）之间的关系。第五章通过对三位教师深入的个案研究，进一步深入地说明了这些关系。这份研究报告不仅为试图尝试进行教师观念与行动关系研究的研究者提供了一个很好的范本，它所揭示的影响教师游戏观念转变为行动的结构性限制因素〔例如，来自于外部系统的期望的压力、支持的缺乏、各种规定（如时间表、国家课程）空间和资源、班级规模等〕对于我们理解教师、理解幼儿园游戏的现实也不无启发。

《游戏的关键期——0～3岁》详细讨论了游戏对于0～3岁儿童身心全面发展的重要性以及如何通过游戏促进0～3岁儿童在各个方面的学习和发展的具体方法。这本书的作者朱莉娅·曼尼·莫顿（Julia Maning-Morton）和玛吉·托尔普（Maggie Thorp）花了长达两年的时间对0～3岁幼儿的游戏进行了全方位的翔实而深入的研究，并且在此研究的基础上形成了在英国本土已经得到运用的"关键期：为3岁以下幼儿提供高质量的教育框架"的课程模式。本书正是作者试图将他们的研究成果和0～3岁幼儿游戏课程相结合的一部集大成的理论著述。本书全方位论述了各种类型的游戏对于幼儿发展的重要性，深入探索了游戏对于幼儿发展的作用。本书还在深入论述幼儿游戏的基础上介绍了许多可操作的支持幼儿深入游戏的方法，有助于读者将游戏的理论和游戏的实践更有机地相结合。可以说，本书既有来自学术界和研究者的理论观点，也有来自教师的实践智慧，信息量大、方法具体、可操作性强，对于父母、教师或者从事教师培训的人掌握游戏开发的有效策略不无裨益。

《我的游戏权利——有多种需要的儿童》的作者罗伯特·杰·欧（Robert J. Orr）是一位特殊教育工作者，与有多种需要的儿童工作多年，在特殊教育领域有丰富的经验。作者以一个有特殊需要的儿童口吻来表达特殊儿童的需要和经历，用有特殊需要的儿童的眼睛来观察周围世界，帮助读者应用心理理论进入有多种需要的儿童的世界。正如原丛书主编所指出的那样，《我的游戏权利——有多种需要的儿童》"属于那种能深深吸引你的书，它会让你因沉浸在书的内容中，忘记下车而坐过了车站"。这本书以一种独特的方式帮助我们了解怎样关注和保障有多种需要的儿童游戏的权利，分享作者在特殊教育方面的经验和智慧。

"游戏绝非是'剩余时间'，也不是多余的活动……在非常关键的早期发展阶段进行的游戏对于今后所有的社会性活动的发生和成功是极为必要的。"但是，我国传统的"重读书、轻游戏"的文化生态和现实生活中重"功利"的教育价值取向，使得儿童的游戏往往不被重视，儿童游戏的权利往往得不到保障，儿童游戏研究至今仍然是一个薄弱的领域。

翻译这套丛书，不仅希望为学前教育专业的学生和幼教工作者提供有助于专业化发展的参考资料，也希望更多的人能够了解儿童游戏的重要性，激发大众对于儿童游戏的兴趣，了解在人的一生发展和学习中应当如何真正和有效地利用游戏。

刘焱

2009 年 11 月 21 日

献给布赖恩，尼尔和兰——
本书游戏案例中的游戏者和游戏伙伴

致　谢

　　一个有多年教育教学经历、和许多不同的人打过交道的人，总会有自己的一些想法、观点、思考和经验，其中一些将成为永久的记忆，另外一些则经消化吸收成为自己的东西。关于游戏问题的思考和经验亦是如此。许多人——包括儿童和成人——他们的游戏以及关于游戏的谈论都给了我很多帮助，对我产生了深刻的影响，我真诚地感谢他们。

　　教学是促使我们去给某个概念下定义的真正动力。正因为这一点，我应该感谢给了我很多教学快乐的、人数日益增多的教育专业的研究生们，在我向他们介绍儿童游戏的同时，他们也教给了我很多，在各个方面增进了我对于游戏的理解。我要特别感谢激发了我关于表7．5的灵感的休·拉姆（Sue Lambarth）以及在我对于游戏问题的思考方面给了我很多帮助的她的小组的全体成员。此外，我也要感谢在第四章问题解决的写作上激发了我很多灵感的凯西·邦德（Kathy Bond）。

　　我还应该感谢每个欢迎我进入其中、允许我拍照和记录案例的学校、孩子们及其父母以及所有学校的教职员工和负责人。同时，也感谢简·伊斯兰（Jane Hislam）帮助我收集图片，她真是个好搭档。我还要感谢马格丽特·雷龙（Margaret Naylor）的倾听和所提出的建议以及布赖恩·莫伊蕾斯（Brian Moyles）的大力支持。

引　言

　　游戏，无疑是人类和动物在不同的情境下、为了各种不同的目的、探索各种经验的一种手段。试想，当我们获得一种新的设备的时候，比方说洗衣机，大多数成人可能不喜欢逐页阅读说明书而选择通过"玩"来了解洗衣机的功能和使用方法。正是通过"玩"这种方法，个体能够创新并使自己熟悉客体和材料：在对儿童游戏的描述中，这种游戏通常被归为"功能性游戏"。这种在真实情境中、为了真实的目的在"做"中获得的经验可以帮助这种"游戏者"了解新机器的各个方面，而随后对说明书的阅读和实际操作可以使得这种经验获得强化和巩固。

　　要使幼儿的学习达到理想化的境界，也必须经历相似的过程。然而，对于那些从事教育工作和抚养幼儿的人们而言，游戏究竟具有多大的意义和价值？在多大程度上，儿童的游戏和他们对游戏材料的选择因被视为儿童完成他们的"工作"之后才能从事的一种活动而削弱了它们对儿童发展的影响和效果？有多少幼儿因为游戏被看做是一种吵闹的、混乱的、不必要的活动的消极的教养观而在托幼机构不能享受游戏的快乐？

　　除非我们能够接受这种游戏并重视游戏在各个方面的价值，否则，大多数成人是不会认识和承认即便是在成年生活中他们也经常进行游戏。要让所有人重视儿童游戏的价值、而不仅仅是把游戏看做是一种非工作的活动是困难的。

　　再以角色游戏为例。儿童常喜欢探索母亲、父亲、医生或牙医

1

应该是什么样子的（Plowden Report：DES，1967：para. 523）：扮演他人的角色能够帮助儿童在各种情境中理解各种各样的角色，最具这种功能的当属假装和角色扮演游戏。在多数成人看来，除非是参与专业的或业余的戏剧表演，否则自己是不大可能自发地玩这种角色扮演游戏的。但是，一个要找一份新工作的人会做些什么？我们大多会认为，在面试前需要阅读工作要求，与了解该机构或组织的人们交谈，了解他们想聘用什么样的人等。在面试前以及面试期间，至少在早期阶段，他们会试图去扮演符合招聘者期望的角色。这种角色扮演并不是否定个体的独特性，而是在证明自己是一个能够适应环境且有价值的人。

图片1 扮演他人的角色能够帮助儿童在各种情境中理解各种各样的角色，最具这种功能的当属假装和角色扮演游戏。

儿童和成人都在不同的情景中扮演不同的角色，当他们这样做的时候是最可以被他人所接受的。通过这样做，人们了解真实的"自我"和自我价值（Holt，1972）。父母和教师教育孩子在不同的人面前、出于不同的目的应表现出适宜的行为。成人往往有意无意地根据能否成为受欢迎的家庭成员、牧师或老板来调整自我的行为表现！因此，游戏是一种能够形成和表现人类各种适宜的基本特质的情景。斯通（Stone，1982：10）高度评价了游戏的重要性："游戏是再创造……它不断地再造它所在的社会。"

在教育情境中，游戏的最大价值不仅仅在于为学习提供实际的手段，而在于使那些富有洞察力和知识的成人能够了解儿童以及他们的需要。在学校情境中，这意味着教师可以通过儿童的游戏了解儿童的学习和一般发展水平，进而能够帮助他们确定促进儿童认知与情感发展的新的起点。

本书的目的不是创造一个新的游戏定义。成人都知道"什么是游戏"，这方面的著作也比比皆是。例如，哈特（Hutt，1966）、米尔（Millar，1968）、加维（Garvey，1977）、史密斯（Smith，1984）以及科恩（Cohen，1987）等的论著均可作为参考。本书的目的在于挑战学校情景中的游戏概念。有必要为年幼的学习者提供对于游戏的新的理解，这在教育环境中是至关重要的。因为学校教育中的学科本位、核心课程及内容总是贬低游戏在学校教育中的重要性。人们只有具备有关游戏理论和实践的能力、知识和思考关于游戏问题的争论，才能确保游戏在早期教育中的重要地位。有必要强调的是，游戏是4～8岁儿童的发展、社会性和认知学习的极为重要的组成部分。关于这一点，艾里康宁（El'Kounin，1982）作了精确的总结，他指出：

> 在游戏中，儿童操作物体，因为物体对于他们是有意义的；他们操作词的意义。并用它替代物体；因此，在游戏中发生着词和物体的分离。

本书大致分为三个部分。第一部分把游戏作为一种结构来概述游戏，介绍把游戏看做一种学习手段的相关理论，建立游戏的模式（第一章）和学习的模式（第二章）。然后，将探讨游戏发生的原因、考虑在不同情境下对游戏所进行的不同分类，为以下各章奠定基础。

由于核心课程在学校教育中的优先性，教育过程往往受到忽视，以学科为基础的学习就变得极为重要。在第二部分，我没有以课程为切入点，而只是选择了语言、问题解决和创造性三个领域，因为这三个领域都能够把教育的过程和结果、尤其是游戏包含于其中。

第三部分的出发点则更为实际，主要讨论在幼儿教育阶段如何提供游戏的各种途径，并把它和基本的课程和教室组织（第六章）、观察学习、进步和评价（第七章）、儿童的个体需要（第八章）以及父母和其他成人的角色（第九章）等联系起来。最后一章（第十章）回顾儿童和成人游戏的全部问题，总结主要的内容并提出需要作进一步思考的问题。

大部分章节的结构，是先呈现幼儿教育情境中的游戏实例，分析每个例子明显的和潜在的学习。然后，进一步讨论蕴涵在特定游戏活动中的发展和理论方面的问题，并就如何激发和维持儿童在游戏中的参与和学习提出建议。总的说来，实践性的观察和建议得到了相关文献和已有研究的支持和扩展，使读者有机会探索自己感兴趣的问题。

许多成人仅仅是在口头上谈论游戏。本书虽然主要以幼儿教育工作者为对象，但旨在于帮助学生、教师、保育员、父母以及一切对儿童生活有影响的人们去了解在人的一生发展和学习中应当如何真正地利用游戏，诚如路易佐斯（Loizos，1969：275）所断言：

"游戏绝非是'剩余时间'，也不是多余的活动……在非常关键的早期发展阶段进行的游戏对于今后所有的社会性活动的发生和成功是极为必要的。"

4

目　录

第一部分

第二部分

Just Playing?

第三部分

第一部分

第一章 揭开游戏的神秘面纱

游戏情境

1. 一个4岁的孩子，穿着自制的丝质的裙子，网状的围巾在芭蕾舞裙的腰间打了一个小结。她在化妆镜前一手捏着丝裙角，努力用单腿站立，用脚尖触地，旋转着，一边哼着儿歌自娱自乐。

2. 一个成人正在打电话，手里拿着笔和便签，在纸上先画了一条曲线，然后又加上了许多的线条，5分钟后，纸上画满了许多漂亮的曲线和圆圈—— 一些像是人的脸，一些则是简单的抽象符号。

3. 一只狗正在玩一个橡胶骨头，抛向天空，或是抛给任何注意它的人。它抛起橡胶骨头，又捡回来，嗅它，不停地追逐，攻击这个骨头，围着它转，在旁边打滚，盯着它，有人碰骨头时它就乱叫。

当你思考这些游戏行为的时候，闪现在你大脑中最重要的问题可能是：

为什么人类和动物会游戏？

经过一个多世纪的研究，人们对游戏发生的原因形成了很多各不相同的观点，但是，对于"什么是游戏"并没有一致的结论

3

（Gardner and Gardner，1975）。从上述例子中可以清晰地看出，游戏至少是一种可认知的现象，而且它对其参与者而言是有意义的。然而，游戏对游戏者来说到底有什么益处呢？是否存在使人或者动物远离游戏行为的可能呢？

这就提出了如下两个更有必要讨论的问题：

为什么人类（和许多高等动物）发现不游戏是这样的困难？
游戏所提供的为什么显然是内在的满足？

教师以及其他从事幼儿的保育和教育的人们必须回答这些问题，有效而透彻地分析自己关于游戏的看法，以及他们自己对于游戏在幼儿教育中的作用和地位的看法。更重要的是，他们必须确信自己对游戏的认识。只有这样，成人才能确信自己为儿童所提供的一切都是可以接受的；教师确信自己所采用的理论、方式方法的价值是成功的教学的保证，这在教育上是一个不争的"事实"。

问题在于，当前的游戏研究已经陷入游戏定义的泥潭，因为定义游戏往往被视为研究的开端。尝试定义游戏值得肯定，这也许提出了一种可量化的研究游戏的方法，而这种方法实际上还很少见。正如史密斯（Smith，1984：68）所指出的："游戏的定义是重要的……但是这并不意味着找到一种唯一的、大家认可的定义是容易的、可获得的、甚至是完美的。"虽然从事幼儿园教学活动的教师往往是本能地认可游戏的价值，但是要他们根据自己的判断和经验对大量的实际的和理论的例子进行概括抽象是很困难的。在教育情境中释义游戏活动，实际上较之于曼宁和夏普（Manning and Sharp，1977）所做的实践研究以及布鲁纳等（Brunner *et al.*，1977）关于有用背景理论的研究要困难得多。

大量证据表明这种困难在幼儿阶段和小学低年级是存在的。在这里，"游戏"往往被看做是在完成"工作"以后供儿童选择的活动、玩具或规则游戏。尽管希尔瓦等人（Sylva *et al.*，1980）所做的许多研究，提倡教师在适当的时候应当介入游戏，与儿童互动以确保游戏最好的价值，但是实际上教师是否能够经常地让游戏成为自己教学的组成部分？教师是否能够真正进入到游戏之中去呢？

事实上，关于游戏教师往往有两种截然不同的看法：一方面，他们认为离开教师的指导儿童所学甚少；另一方面，儿童自发的游戏又因为能够为儿童的学习提供最好的学习背景而受到鼓励（Tamburrini，1982）。这一点集中反映了众多幼儿教育工作者对于自己角色的困惑。幼儿游戏的时间减少了，听、说、读的时间增加了；反之亦然：听、说、读的时间增加，游戏的时间必然要减少。这也正是萨顿·史密斯（Sutton-Smith，1986）和史侗（Strom，1981）所强调的困难。事实上，成人对于参与儿童的游戏也往往感到很不满意，甚至备受挫折（这一点将在第九章进行阐述）。

当务之急是帮助教师设计结构良好的游戏，这种游戏对于所有从事低龄儿童教育的人来说在学业上具有可接受性，因此能够在实际上被用于低年级的教学实践中。同样，这样也一定能够使那些认为有必要让儿童在学校以外的地方（例如在家或社区公园里）玩耍的父母和其他人感到满意。以下章节的内容为教师和其他一些人探索自己关于游戏的思想提供了机会。这些思想有些已经被勾勒出来，有些还有待于揭示。我绝无意于重新建构一种新的关于游戏行为和实例的理论，而是在尝试归纳、整理一些已有的知识，以便为幼儿教育工作者反思和思考游戏提供可资借鉴的背景或框架。

因此，我们还得回到前面的问题，并围绕它进行更深入的探讨。

为什么游戏

从本章开头所举的三个例子开始，让我们来考察在这些日常生活中所攫取的镜头中游戏所表征的广泛意义。

这个孩子把自己扮成舞者，体验他人的角色。她模仿别人的动作、行为、举止和表情。她很了解穿着丝质材料的衣服所应有的表现，也感受到这种衣服特有的质感，了解它的价值及其与众不同的质量，甚至知道穿着它应有什么样的站姿。或许是因为有太多吸引她注意的因素，比如说明亮的樱桃色布料，乳白色的纱网裙，以及这别致的服装为她塑造的美丽轮廓。她在镜子前，审视着自己别样的装扮，并深深为之着迷。在用脚尖顶地旋转的过程中，她在开发自己的运动能力，最初只是一种尝试，很笨拙，然而这种尝试迅速提高了她的平衡能力和敏捷度。从她哼着童谣的表现可以看出她并不想成为一名舞者，还仍然是一个孩子。对此，加维（Garvey，1977：88）指出：

> 人们所塑造的某个角色是有代表意义的，它仅代表一系列行为中最突出的事件……人们往往是根据关于角色的适宜行为的概念来扮演该角色，而不是直接去模仿某个具体的人。

正在涂鸦的这个成人，是在探索以前未曾发现的可用的方法，或是有意、无意地重复过去看到的东西，抑或是从不同的角度探索同一个主题。这也许是有目的的，也许是无目的的，取决于具体的人和个体所扮演的角色，例如画家、绘画爱好者或书法家。在哈特（Hutt，1966）看来，探索游戏是真正游戏的起点，这正是探索游戏的主要特征。只有当一个人把书法或绘画当做一种兴趣爱好时，它才可能成为游戏的起点。如果这是工作的话，它就会有一个最终产品，而这时大多数人将不会再把它看做是游戏。这正反映出人们把游戏和工作看做是两个极端时所产生的问题。这是以后章节中值得深入思考的地方。

狗正在练习一些有助于适应新的环境的技巧和能力，它把移动的物体当成食物，并不断追逐攻击它，通过这种方式掌握这些技巧和能力。它张大嘴巴露出牙齿，依照埃登勃鲁夫（Attenborough，1988）观点，这是哺乳动物游戏的典型特征，也是对他人发出的不具威胁性的游戏性的"攻击"的信号。它自身技能的提高和吸引他人参与游戏是激励它不断游戏的奖赏，由此创造了一种社会性的追逐—奔跑的游戏情境。与橡胶骨头展开的激烈争斗能使它了解自身的力量和灵活度，体验对他人进行游戏性的攻击，并获得反馈。狗的前爪被骨头夹住了，它立即做出反应，一边舔着爪子，一边摇着尾巴，好像在说："没有问题，刚才是一时疏忽。"

这些简单的实例代表了复杂程度不同的游戏，其中蕴涵着一些潜在的学习情境。令人惊奇的是，儿童的游戏是迄今为止最为复杂的游戏，因为其中蕴涵着思维的抽象和去中心化（Donaldson，1978）。众多研究表明，在游戏的复杂性程度的连续体上，动物和人类的模仿游戏是游戏发展的最高形式（Lancy *et al.*，1981），对人类而言，这种游戏反映了更高级的思维和组织。米尔（Millar，1968：156）曾对角色游戏作如下解释：

> 角色游戏是信息的编码、存储、检验和再编码的过程与结构，它使人们的大脑一直忙个不停。

此外，埃塞克斯（Isaacs，1930）也指出，通过角色游戏，儿童能够解决内部的冲突和焦虑。

前面的例子中，成人的游戏是对来自内部的使身心积极活动的需要做出的回应，同时亦引发了业已熟练掌握的活动；与前面提到的儿童的游戏一样，都属于独自游戏；狗的游戏则满足了与他人在身体的和愉悦的社会性情境中互动的需要。

因此，对"为什么游戏"这个问题的回答或许就是：游戏能够使大脑、对儿童来说还包括身体——获得刺激，变得积极主动。因此，刺激和挑战使得游戏者既能掌握所熟悉的事物，也能对不熟悉的事物作出反应，从而获得信息、知识、技能和理解。这一点在年龄较大的儿童和成人的规则游戏（例如，棋类游戏和运动）中表现得非常明显。年幼儿童的游戏则与一般发展和成熟有关（Millar，

1968）。在任何年龄阶段，游戏都蕴涵着纯粹的娱乐和享受成分以及对生活和学习的愉悦态度。后者则正是游戏自身存在价值的充分依据。廷本根（Tinbergen，1976：12）曾难过地说，在西方社会，"围绕在儿童周围的气氛变得如此严肃"。伯罗瑟（Prosser，1985：174）也指出："儿童和成人所需要的活动应该是享乐的而不用管它们是否是游戏。"

这里所强调的"享乐"（enjoyment）正好是下一个问题的关键所在："游戏有什么益处？"这个问题又和"游戏能带来什么"紧密相连。

无论是什么形式的游戏，我们都不能否认它能给人们带来愉快和享受。因此，皮尔斯和兰道（Piers and Landau，1980：43）说游戏可以"培养创造性，发展智力，培养情绪的稳定性……令人感受愉悦和快乐，形成快乐的习惯"。反过来，游戏也可以在解决冲突和焦虑的情境中发生（Isaacs，1930），这似乎是矛盾的。但是，请看加维（Garvey，1977：32）的说法：

一种新的经验，只要不令人畏难，就可能吸引我们的注意，促使我们去探索。只有在对环境的新的特征进行了探索，我们才能够轻松愉快地对待环境。

这再一次强调了游戏结构的复杂性，换句话说，什么时候游戏不是游戏！哈特（Hutt，1979）坚持将探索从游戏区分出来，并提出许多有价值的和说服力的理由来支持这种观点。也许应当把探索（在获得一件新玩意儿或遇到一件新鲜事时所做的第一件事）定义为一种更深入、更富挑战性的游戏经验（在开始理解某一物体或情境的各种特征以后发生）所需要的重要先决条件。大多数人都会同意，当我们对环境的熟悉达到一定程度时，我们才会开始产生愉悦的体验。甚至有时在没有出现愉悦感时，我们仍然可能因为细节和对他人发生作用的结果而产生愉快的体验。因此，尽管愉悦感非常重要，而且本身就具有动机作用，但是它仍然需要一些条件。在第二章在考察游戏和学习的关系时，我将围绕这个问题做进一步分析。

游戏情境可以提供刺激、变化、兴趣、注意和动机等（还有其他变量）。假如游戏者的游戏经验中具备这几个条件，并且允许他在毫无忧虑与拘束的情况下与环境进行有意义的互动，虽然要求可能非常苛刻，但这样游戏的益处就能显而易见。当然，游戏还可以缓解现实生活中的压力，偶尔释放一下厌倦情绪，或者仅仅是一种放松，为成人和儿童在日常忙碌的环境中找到片刻安宁。虽然就游戏的社会性质而言，人们进行游戏是在遵守某种权威的规则，但从个人对游戏的选择这一角度看，它依旧是一种个人的或内在的东西。这一点对于儿童在学校和家里所选择的活动也是适宜的，在第八章中我们将针对这一点，对个体需要和游戏的关系进行详细论述。

游戏的益处已经越来越多，但是仍然需要整合许多其他因素。游戏能使参与者获得自信并增强能力，在社会情境下，能帮助人们了解社会交往中的许多问题，还能培养对他人的同情。它可以使儿童和成人学会理解他人，明白期望和宽容的含义。许多游戏情境在无形中为人们提供了探索"自由"的概念的机会，并最终为独立性的培养提供了支点。至少，游戏可以为练习技能提供相应的情境，这种情境包括身体和心理两个方面，因为"重复"对信心培养及技能形成是必要的。此外，游戏还能够帮助个体了解自己的潜能和不足。斯大林布然斯（Stallibrass，1974）曾指出，自发性和灵活性的培养是游戏的最基本功能。福禄培尔（Froebel），早在1826年就肯定了游戏的价值，基于游戏能够增加感官经验的机会这一认识，他深信，游戏是智力发展的基础。基于这一假设，一个多世纪以来，早期教育工作者对游戏的价值深信不疑。

图片2　游戏过程中，儿童可以练习身体的和心理的
技能，而且这些技能够重复进行，这对于技
能的掌握和自信的建立是极为重要的。

在前文中我们曾提出这样的问题：我们可否通过某种方式制止
儿童或成人的游戏？答案是肯定的，只是我们用什么样的方法来这
么做呢？我们必须证明这么一个观点：一种想要剥夺儿童游戏机会
的理论，是完全不能为人们所接受的。然而，残疾儿童，由于自身
残疾的限制，他们无法进行正常的游戏，他们是在感知经验层面相
对地被剥夺了游戏的权力（Newson *et al.*，1973；Wall，1961）。
的确，非游戏情境也能为人们提供一些经验，但是这些经验往往容
易形式化，也很少能向人们表达自我、体现自己的特质。这样的例
子很多，当孩子以非游戏的方式进行表达的时候，例如，以口语的
方式，由于他们的不成熟和发展阶段的制约，孩子很难真正表达自
我。建议读者反思一下，在某个工作日，什么情况下自己的注意力
从工作中游离，又是如何重新集中自己注意力的。

游戏和工作

毫无疑问，两个概念存在差异，但是，它们是对立的吗？让我

们看看上面几点游戏的益处，然后与工作的特征作个比较：

- 你喜欢你的工作吗？
- 工作让你感到兴奋吗？
- 工作能为你提供变化和挑战吗？
- 你能在工作中与他人互动吗？
- 你能在工作中学会处理与他人的关系吗？
- 你的工作能教给你一些技巧和能力吗？
- 工作能为你提供重复某些必须的活动和反应的机会吗？

相反，你的游戏中是否包含工作成分？例如，为了赢得羽毛球比赛努力练习，为了赶制一件衣服而工作，写情诗或绘画，不仅是在表达自我，也是为了完成你的艺术工作从而获得满足感。如果对上述问题的回答是"是"的话，那么你的工作与游戏的区别又在哪里呢？对此，汉斯（Hans，1981：26）的观点是：

人们之所以沉浸于工作中，是由于工作对他们而言也是游戏，是他们与世界的游戏性互动……因此无论人们多么努力地把游戏从工作中区别出来，人们仍然在工作中游戏。

纯游戏论者认为，游戏的产生并没有真实的目的，也没有明确的目标（Garvey，1977）。而其他的研究者，其中尤为著名的是曾经为缇扎德（Tizard）和哈维（Harvey）的书撰稿的几位研究者，他们认为：不论参与者是成人还是儿童，游戏本身是能够指向一定目标的。汉斯（Hans，1981：xi）对游戏、产品、欲望之间的关系进行了分析。他说："游戏往往包含产品和欲望，也是产品和欲望的一部分"。米尔（Millar，1968）也认为，"游戏的特点存在于个人自己的控制与计划之中"。穆森（Mussen，1966：269）等人则认为，游戏不应该是"迫于环境压力"而做出的反应。

不仅游戏及其目的是一个难点问题，而且游戏的变化及其性质也增加了问题的复杂性。诚如加尔维博尔（Kalverboer，1977：121）所指出的，儿童游戏的类型和质量存在显著的个体差异，如果想了解分析这些差异，需要有足够好的观察力。很显然，不同形式的游戏代表着不同的挑战。正是因为存在这些变量，很难对游戏进行统一的定义。由于现实中不同游戏的分界并不明显，因此人们对游戏的分类总是小心谨慎。表1.1中对游戏作了详细的分类，读者可以对此作详细思考。为了确保内容清晰，无法在表格中列举所有的游戏，但是，对游戏进行分类是极有必要的，这是进一步研究的前提条件。但是，请别忘记，博格哈德（Burghardt，1984：5）曾提醒我们："必须承认，从一开始，对游戏的认识、描述、分类等许多问题都还没有解决。"

当然，有人会讨论这一游戏分类表的优缺点，争论哪些内容应该包含进去，哪些内容应该排除。但是，我们必须接受游戏是我们生活的一部分，对儿童和成人均有价值。通过前面的分析，至少在游戏和教育的关系上，我们已经有了一定的思想基础。

本书的一个基本观点是，游戏必须被视为一个过程。

布鲁纳（Brunner，1977）在其著作中表述了这一观点，他指出：

游戏的主要特征——不管是成人的还是儿童的——不在于其内容，而在于其模式。游戏是行动的一种方法，而不是活动的形式。

如果接受了游戏是一种过程的观点，那就很容易明白为什么给游戏作统一的定义是很难的。举例来说，有人试图把相爱的过程定义为：一个人突然受到许多情境性变量和个体化学物质的冲击。任何儿童的游戏，实质上也同样涉及许多情境变量，而不仅局限于儿童和他人能看到的那些。拿早期教育工作者来说，承认游戏的价值似乎是他们的本能。从福禄培尔（Froebe）开始，这样的想法已经有一个多世纪了。对儿童期的重新认识加强了人们对游戏价值的确信。令教师感到难过的是，家长往往认为在课程中开展游戏活动是没有价值的，这导致教师自身渐渐在组织课程时也开始怀疑游戏在课程中的价值了。

表 1.1　学校里不同形式的游戏

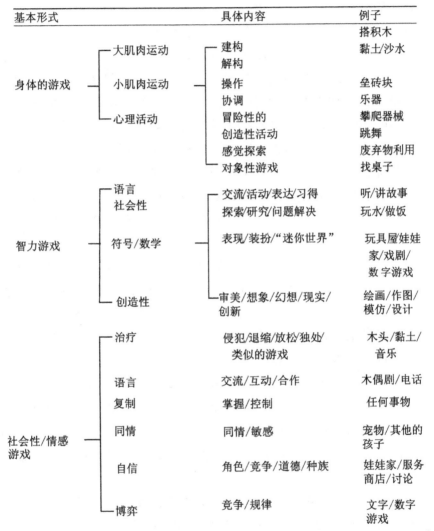

基本形式	具体内容	例子
		搭积木
身体的游戏　大肌肉运动	建构	黏土/沙水
	解构	
小肌肉运动	操作	垒砖块
	协调	乐器
心理活动	冒险性的	攀爬器械
	创造性活动	跳舞
	感觉探索	废弃物利用
	对象性游戏	找桌子
智力游戏　语言 社会性	交流/活动/表达/习得	听/讲故事
	探索/研究/问题解决	玩水/做饭
符号/数学	表现/装扮/"迷你世界"	玩具屋/娃娃家/戏剧/数字游戏
创造性	审美/想象/幻想/现实/创新	绘画/作图/模仿/设计
社会性/情感游戏　治疗	侵犯/退缩/放松/独处/类似的游戏	木头/黏土/音乐
语言	交流/互动/合作	木偶剧/电话
复制	掌握/控制	任何事物
同情	同情/敏感	宠物/其他的孩子
自信	角色/竞争/道德/种族	娃娃家/服务商店/讨论
博弈	竞争/规律	文字/数字游戏

　　注：很明显，不同的领域有很多交叠的地方，这很难用图表表示出来。读者可以试着建构出一个"游戏轮"，这个"游戏轮"由三个渐小的圆圈构成，它们相交于三点，划分成楔形，每一楔都包含上面列出来的基本游戏类型及其内容，它们可以相互交错，这样就能够充分地表现出这些领域的关系。

Just Playing?

事实上，如果学校经常开展游戏活动，家长就会质问，这是否适合？是否可以接受？作为消费者，他们是否有权利要求学校游戏和家庭及其他地方开展的游戏有所不同？如果家长不支持学校游戏的话，难道他们能在校外为孩子提供更好的游戏吗？难道他们认识不到学校游戏的严谨性，及其学术含量吗？

毫无疑问，曼宁和夏普（Manning and Sharp，1977）所做的研究，让教师肯定了支持儿童游戏的必要性。当他们用"结构"这个词来形容游戏的时候，已经认定了其他不是由教师提供的游戏是"非结构"的。结构/非结构游戏的观念，对早期教育工作者未必总是有帮助的，或许教师为某种结构性游戏特意创设的教室环境，反而使教师在参与游戏和与孩子互动方面困难重重，窘迫不堪。正如曼宁和夏普所指出的，挑战性游戏是不在任何真实情境下发生的。

当一个班级有 30 个或更多的孩子时，即便是最有热情的游戏组织者也会有挫败感。细想一下在任何课堂中、任何情境下发生的游戏，就很容易明白这个道理：游戏的组织往往取决于游戏者所拥有的材料。例如，能否将沙子堆砌或做成饼状，需要满足以下要求：（a）海滩或沙盘中有沙子，（b）你是仅有双手或是还有合适的容器。晃动的沙塔，可以用建构玩具来堆砌，但是，用砖砌起的建筑物，则更具有稳定性和凝聚力。

既然组织游戏需要合适的材料和资源，那么，在某种程度上，游戏的质量就取决于材料的数量和种类了。这一结论对教师和早期教育工作者意义重大。因为这意味着，无论他们期望儿童在某种特定的游戏情境中获得什么经验，只要合理地调节材料的投放就能达到他们的目的。

此时，我们遇到的问题，与其说是游戏的结构，不如说是"儿童进行的是自由游戏还是引导游戏"。正如前面所提到的，开展自由游戏——对参与者本人而言，是探索和了解游戏材料和游戏情境的机会——是进一步的挑战性游戏的预备。但是，它也可以且应该成为挑战性游戏本身，我所见的实例可以证实这一点。

图片3　游戏的质量在某种程度上依赖于游戏
材料的质量、数量和变化程度。

　　向一组6岁的儿童介绍一种新的游戏材料"Polydron"，它由一些塑料的正方形和三角形组成，其边缘带有特殊的组合接口，类似木工所制的榫形接头。通常，儿童可以使用这些材料进行自由游戏，操作时间的长短则取决于儿童熟悉材料的质量、功能所需的时间。教师把正方形一个连一个套接起来，搭成了一个立方体。她让孩子们尝试做出同样的"盒子"，此时此刻，儿童进行的是引导游戏。孩子们开始着手搭建自己的立方体，讨论着颜色、形状、正方形的数量，以及用什么来做盖子等。教师表扬了孩子们的讨论和努力，并把剩余的材料整理到一旁以备其他时候使用。余下的时间，老师允许孩子们自由游戏。他们开始用带合叶的盖子做立方体，还把一个塑料小人放了进去！一个孩子不用盖子而用另一个正方形做成顶部，再拿一个正方形，紧挨着，形成拱形，做成一个屋顶。这就是自由游戏，新的学习随之开始了。

　　自由游戏的第一步是允许探索，第二步是一定程度的掌握。做到这些，至少孩子能有机会增加新知识。教师在理解教学关键要素的情况下，对儿童进行引导，可以激发儿童在自由游戏中的探索与

15

学习，使儿童从现有的水平，过渡到下一个重要的发展阶段。这一过程实质如图 1-1 所示，游戏与学习之间彼此呈现螺旋上升，类似池塘水面的涟漪，从引导游戏中探索自由游戏，不断地扩大涟漪，而后又加强提升自由游戏。我们之所以采用这种方式定义自由游戏，是希望人们从对结构的思考枷锁中解放出来，看到自由游戏更大的潜能。

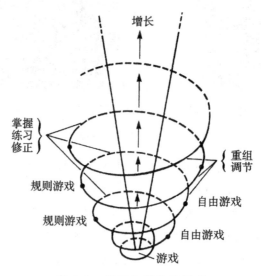

图 1.1　游戏的螺旋状模式

　　或许，如果儿童保育与教育工作者们能从游戏已有的定义中解脱出来，那么他们对游戏的理解将更加清晰。正如皮科克（Pea-cocke，1987：3）所感叹的："很不幸，游戏这个词，有太多的定义，以致父母们都对它表示怀疑。"许多人都认为对游戏进行一种与众不同的专业定义是当务之急——因为目前游戏常常代表那些琐碎的、无关紧要的事，是与工作相对立的。而对儿童而言，它是一种有目的的学习手段。我想自由游戏和引导游戏或许可以解决这一问题。

　　在学校中，教师对自身角色的理解很大程度上影响着教师自身对游戏定义的理解。学校应该有自由游戏吗？如果认为教师是一位讲解者和指导者，也许会说不应该。但是，如果教师对自身的角色定位是学习的促进者和发起者，那么他将把自由游戏和引导游戏视为师幼互动的根本特征，教师的作用在于引导游戏并提供必须的适宜的材料。学校为儿童提供的材料和资源与家庭所提供的往往有很大差别，比方说，家庭能把积木作为标准的玩具材料吗？偶尔也会，但是，这并不能代表普遍事实。不同的材料为不同的游戏情境提供了不同的形式和结构。没错，因为存在这些差别，所以必须为儿童提供体验、探索、了解材料的机会，至少在游戏开始的阶段，一定要确保这种机会。只有在第一手的探索发生后，成人才可以引导孩子使用材料。如萨瓦（Sava，1975：13）所认为的，如果儿童拒绝引导游戏的话，表明他/她还没有准备好开展这个游戏。

用一种不同的观点来看待游戏，用它来连接或取代课堂活动，也许可以帮助成人在对游戏结构固有的认知冲突中达成一致的见解。

接下来，对本章的主要内容，也是后文的基础做一个回顾：

1. 游戏是一个过程，而不必有结果，当然，如果参与者要求的话，也可以有结果。

2. 游戏对于儿童和成人都是必要的。

3. 游戏不是工作的对立面，它们两者都是我们生活的一部分。

4. 游戏的发生需要有环境和材料。

5. 探索是进行挑战性游戏的前提，在学校环境下，儿童的探索大多受教师引导。

6. 适宜的引导游戏能够帮助儿童在现有知识和技能的基础上进行学习。

7. 父母有权利要求学校开展有意义的游戏，也有权利要求学校组织不同于家庭和其他机构的游戏。如果他们理解这些，将会更重视游戏。

8. 游戏是一种潜在的极好的学习媒介。

最后一个原则将在第二章进行讨论。

第二章 游戏与学习

游戏情境

1. 两名 5 岁的儿童用小型的木质积木随意往高处搭一个建筑物，直至建筑物倒塌。孩子们情绪高涨，重复操作了好几次。最后，幼儿 1 跳在倒塌的积木上，哈哈大笑，拉着幼儿 2 的手，鼓励他也这样做。听到劝说，幼儿 2 也跳了上去，哈哈大笑。但是在这个过程中，幼儿 2 不小心推倒了幼儿 1。幼儿 1 立即大力地踢幼儿 2，两个孩子都揉着自己的伤口，大声地哭。幼儿 2 踢倒了尚未倒塌的积木，那些积木散落在地上，他爬起来，在上面跳来跳去。幼儿 1 发现那很有趣，也加入进去，两人又开始开心地在积木上蹦跳，然后各自跑开，去玩别的游戏。

2. 一个 7 岁大的孩子，正参与一个引导游戏，他在用"香肠"状的面团做脆饼。老师给这名儿童的任务是用生面团做偶数个数的饼干，现在他在尝试应该从何着手。首先，他认为应该先知道需要多长的"香肠"状的生面，他决定用拃（一只手的大拇指和食指完全撑开的长度称为"一拃"）来量，发现居然有一拃半，立刻说："太大了！"这一次他的选择是不合情况的。接着，他看看自己的手，笑了，他开始用手指来度量，一个手指挨着一个手指来量面团，量了 15 个手指的长度，并大声说："15 的一半是多少？"立即，他又纠正道："15 不能有一半！"于是，他把面团拉长了一点点，重新测量，这次，他很满意，发现他正好能用 16 个指头量下来。然后，他说道（用很恰当的分半动作）："16，8，4，2，1——我能做 16 个饼干！"

如果不算太泛的话，前面的表 1.1 对于游戏的分类已经很清楚，现在我们将进行这方面的讨论。正如刘易斯（Lewis，1982）曾指出的，在试图讨论游戏和学习之间关系的问题时，第一个困难是如何区分游戏和游戏性行为。上文的第一例子中，是幼儿自发的、内部情感表达的自然游戏；第二个例子中，成人和儿童之间进行的是外在行为表现的游戏。后者是一个过程，而前者则是布鲁纳（Brunner，1977）和施瓦兹曼（Schwartzman，1982）所认为的一种模式。但是刘易斯认为游戏既是一个过程也是一个模式。儿童和成人很难找到一种标准判断自己是否是在进行游戏。因此，这也就告诉我们游戏和游戏行为二者是可以互换的。无论其的"种类"或者活动水平，任何行为都可以以游戏的方式进行，在相同情境下，从好玩到认真再从认真到好玩，对成人和儿童都是可以转换的。这对观察者而言，可能不明显。但幸运的是，对课堂中的教师而言，儿童是否投入在游戏通常是很明显的。

举个例子，如同第一个游戏情境中的孩子，每个儿童的游戏表现都是一种显著的外在行为表现，但它是否受到内在经验的影响？是否其中一个孩子比另外一个更容易受到刺激？孩子们真的在学什么吗？他们学到了什么吗？那样的学习有用吗？那种游戏符合学校的教学目的吗？游戏可以随时被终止吗？读者可能认为，儿童和成人均有能力用言语来解释在情感和认知领域内的"活动"，因而认为借助语言交流可以回答所有这些问题。然而，我们当中有多少人了解，在 4～8 岁年龄段间，有多少儿童能完全用词语来分析和描述他们的感情和行为？同样，有多少成人能做到这一点——由于诸多原因，成人常常被许多有形或无形的约束所束缚，以至于无法将自己真实的行为和感受描述和表达出来。

特别是在学校，如缇扎德和休斯（Tizard and Hughes，1984）

所指出的，由于世俗和人际关系的制约，他们无法像在家里一样敢于坚持公开地表达自己。当教师试图评价儿童究竟从游戏中学到什么的时候，他们就感到困难所在。对此，缇扎德和休斯也曾作过解释：当儿童忙于一个活动的时候，他们很少参与有挑战的对话，因为他们的注意力被引导到任务上去了（1984：261）。教师不得不从儿童外在的态度、注意力、面部表情、外显动机等等去推测儿童的学习状况；否则，他们怎么知道教学和学习是如何开展的？正如海兰德（Hyland，1984：29）对游戏的分析：

> 游戏时机的选择，通常都未经过深思熟虑，从心理学的角度而言，要想找到某些关于游戏选择的心理学意义的问题，是需要经过一番思索的。

从目前情况看，教师认为引导游戏更多需要讨论的时间和对学习的扩展，而供儿童探索的时间却被忽视了。在引导游戏中，教师针对儿童的反应、理解和误解进行评价，这使引导游戏看似比自由游戏更为放松。

由于目前对游戏的看法很复杂，有必要声明，在第一章中所提及的自由游戏和引导游戏既是一种过程也是一种模式，但是这一解释有待进一步地从游戏和学习的关系的角度进行提炼。因此，目前所说的含有材料的自由游戏，似乎是落入了哈特（Hutt，1966）的探索游戏的范畴。引导游戏主要关注过程，第二个自由游戏情境包括过程和模式，在这种类型的游戏中，教师应该关注其中的学习过程。但是，由于这个过程是随时随地可能发生变化的，因而问题也就随之产生了。然而，这也正是了解儿童的兴趣，引导他们计划、思考，对其进行监督和评价的过程（在第6～8章中将对这些问题进一步展开探讨）。需要说明的主要问题是，我们现在不是在引导游戏，也不是在决定要引导什么和怎么引导，而是在观察整个学习。而且，这也是在探索如何指导儿童把引导游戏中学习的知识应用到其他情境中去。汉斯（Hans，1981：5）就此问题作了详细的解释，他指出："游戏作为一种活动会不断产生新的情境，而不仅仅是停留在一开始的旧的游戏。"对儿童而言，真正的学习很少发生，正是这些新的游戏情境让儿童的学习不断发展。正是从教学和外加的学习的束缚中释放出来的东西，才真正称为游戏，诚如萨顿·史密斯（Sutton-Smith，1986：15）所说："探索往往发生于掌握之前，存在于掌握之前的游戏，探索和游戏很难区分。"通过自由游戏、探索游戏，儿童可以学到关于情境、人、态度、反应、材料、财产、质地、结构、听觉、视觉和肌肉运动知觉的一些知识，具体学习成效则得看具体的游戏活动。通过引导游戏，儿童可以从不同的角度受到启发，从而使自己对该领域或活动的掌握程度得以扩展。这种知识扩展将促进、丰富儿童随后在自由游戏中的学习，或是使这种学习更明显地表现出来。儿童年龄越小，就越需要探索游戏，然而，这也和儿童的一般背景和智力有关。我们必须接受这种可能：某些儿童在家里或者在游戏小组中，有更多的机会进行探索性游戏。那么他们到学校后，对"游戏"的期望就可能有别于其他儿童。

图片4 对儿童而言，真正的学习很少发生，正是
这些游戏情境让儿童的学习不断发展。

Just Playing ?

事实上，孩子们很快就意识到某些游戏行为在学校情境中是不适宜的，例如，在公园的活动场地上大喊大叫，这样的活动，在学校是（的确不应该）不能容忍的。

对游戏持怀疑态度的人可能会问：我们能让儿童有效使用材料吗？只通过游戏儿童肯定能学到东西吗？对此，汉斯（Hans，1981：183）提了这样一个问题：我们如何学会把游戏玩好？答案有两种：一种是，把玩游戏当成一件事情来做，我们就自然而然能玩好它；另外一种说法是，由于游戏总是把我们带进无法控制的游戏过程中（价值、风险、前景），所以我们一直设法使它往好的方向发展。

无论在什么情况下，凡是观察过或者介入过儿童游戏的人，都会发现儿童往往不遵照成人的建议，而以自己的方式使用游戏材料开展活动。有时，他们确实受到材料的限制，用这些材料只能够玩出很少的花样，需要成人的提示才能用其他方式或出于其他目的而使用这些材料。在本书的引言部分，我们曾建议针对不同的情况应采取适宜的解决策略。或许在学校情境中，儿童所采纳的建议有可能是正确的，也有可能是错误的，因此他们可能会认为对某些材料的特殊使用方式（或滥用）是不对的。一名6岁的儿童告诉我，老师不让他用积木画画，是因为积木是用来"拼形状"的；一名7岁的儿童，经过18月间隔后，让她重新回到水盘边来，问她从活动中学到了什么，她回答是"什么也没有学到"，因为老师说让他们"仅仅游戏"而已。

我们不得不回到"什么是学习"的问题上来，分析一下学习理论将有助于我们解决目前在游戏方面遇到的问题。

学习理论

近几年，许多心理学家试图对学习进行理论解释，这些理论不仅在基本模式上各不相同，而且其关注点也不一致。克拉克斯顿（Claxton，1984）把这些学习理论分为认知主义、行为主义、社会/个人主义和人本主义等不同的流派，他指出，尽管各种理论的根源不同，但不同的派别在观点上有交叉的地方，人们也开始意识到没有任何一种学习理论模式能够解释所有个体的学习。任何学习理论都肯定，学习是外在行为的变化。许多教师都知道这种经典的学习观点，学习是引起行为的变化的，可以看到变化是判断学习的标准。然而，某些身体上反应的变化是明显的，某些则未必，例如，态度的变化就很难看出来，也很难做评价。如果能进行判断，就能够给予评价，也就是赋予其价值。我们都一直在学习，按照依兰德（Hyland）的看法，我们一贯的"游戏"状态决定了我们一直在学习。

这里蕴涵着游戏的一种力量：个体，无论是成人还是儿童，均可以自己的方式进行游戏，并且无论他们当时准备学习什么，在这个过程中他们都能有所收获。

通过对儿童的观察，尤其是上述的第二个游戏情境，我们可以清晰发现：由于儿童以已经熟悉的知识为基础进行学习，因而学习对他们而言是自然而然的事。第二个游戏情境中的学习，能使儿童产生更多的动机和满足。汉斯（Hans，1981）明确地指出，成人和儿童在游戏中制定的规范以及他们从中学到的知识，都是受其经验支配的。他认为：

趣味性的选择与机会无关，当我们回到趣味性时，我们也就回到了对游戏一贯的理解……回到趣味性也就是回到了我们最熟知的东西（Hans，1981：185）。

"知道"的阶段，从根本上，能使儿童获得自信去知道更多。如克拉克斯顿（Claxton，1984：216）所说："学习的本质是成长，而不是积累，它往往来自原来已有的知识，也必须回到已有的知识上去。"他之后还提到学习者，"好的学习者，并不在意花费时间问问题，也不害怕说'我不知道'或出现错误，因为这能够使他们的想法得到改正，也能令他们享受发现的快乐（Claxton，1984：219）"。

学习需求及教师的角色

儿童倾向于在游戏中展示他们的特点，游戏作为过程和模式提供了"学习氛围"，在这个学习氛围中，儿童的基本学习需求得到满足。这里的学习需求是指有机会进行以下这些活动：

• 练习、选择、坚持、模仿、想象、掌握、获得能力和信心；

• 获取新知识、技能、连贯的符合逻辑的思考和理解能力；

• 获得创造、观察、实验、活动、合作、感知、思考、回忆、记忆的机会；

• 交流、提问、与他人互动，获得广阔社会经验的一部分，这些社会经验中，适应性，容忍和自律是最为关键的；

• 了解和评价自我，认识自己的优点与不足；

• 在安全、有保护的环境中积极活动，这个环境应该是能够激励并巩固儿童在社会规范和价值观方面的发展的。

所谓"开放"游戏，是我们对真实游戏情境的一种称呼，是一种对儿童而言较为理想的情境，能满足他们的学习需要，使他们的学习行为更加明显。教师的一部分工作就是提供自由游戏和引导游戏情境，以满足儿童的学习需要，在这里教师的角色是学习的发起者和促进者。但是，到目前为止，教师的最重要的角色是，如同游戏环节的第三部分所提到的，他/她应当尝试判断儿童学到了什么——询问者和评价者的角色，为了维持和促进学习，又重新回到发起者角色，形成一个新的循环。如此复杂的程序，在许多教室不断进行着，为的就是满足全国年龄最小的这些孩子们的需要。基础的师范教育和在职培训，都应当注意提高教师在组织游戏方面的能力，跟上全国的趋势，并保证游戏在儿童发展中的重要作用的发挥。

许多著名的教育家（Isaacs，1930；Schiller，1954；DES，1967；Lee，1977；Sylva，1977；Yardley，1984；Curtis，1986）一致认为，最有价值的学习是通过游戏获得的并对此做出如下论述：

游戏是儿童生活中最主要的事情，通过游戏，他获得了生存技能，找到适合他所存在的世界的特殊的方式。（Lee，1977：340）

游戏是儿童期儿童学习的主要工具……儿童慢慢地形成因果关系的概念，培养辨别、判断、分析、综合、想象和表达的能力。（DES，1967：P523）

但是，需要注意的是，儿童除了游戏，也可以用其他方式学习，只不过儿童往往是只喜欢游戏而已。例如，听故事或是跟着成人制作或完成某些事情。缇扎德（Tizard，1977）认为，内容固定的游戏和学习往往遭到人们遗忘，甚至遭到幼儿教师的反对，然而，这却是几个世纪以来儿童学习的方式。她指出，没有证据证明儿童玩砖块的自由游戏能比复制一块模型砖教给儿童更多的东西，或许幼儿教师并不赞成这一观点。

然而，缇扎德（Tizard）和其他许多早期教育工作者，都深信儿童概念认知的发展很大程度上取决于高质量的第一手经验。这种多个感官练习法已为许多研究所证实，而且从福禄培尔（Froebel），到麦克米兰（McMillan），到皮亚杰（Piaget），再到唐纳德森（Donaldson，1978）最后是布瑞尔利（Brierley，1987），他们一直都是这么做的，且都有详细的记录，这里就不再赘述。找到一种能够指导学校和教师该做什么、及如何做的学习理论是很重要的。从这个意义上看，尤其是在目前游戏方面，有真正价值的理论应该属诺曼（Norman）的理论，具体内容如下。

诺曼的学习模式

这个理论，或许是目前唯一正确的有关复杂学习的理论。它包含三个不同的过程，通过这三个不同过程把学习者的已有经验和新知识的获取联系起来。诺曼（Norman）将这三个过程称为：增长、重构和调整。前两个过程是补充知识的过程，如图 2.1 所显示，可以看出增长和重构二者是互为因果关系的。"调整"是学习者开始主动纳入新知识的过程，"增长"和"重构"在获取知识的早期阶段是极为重要的，例如，走路或骑自行车，需要经过大量的练习，才能慢慢出现自动化。儿童通过长时间的探索游戏，实现知识增长的过程。他们从特定的材料或活动中获取一些零碎的概念。一旦熟悉了它们，儿童就能够不断地认识到其中潜在的模式或概念，并开始重构的过程。新的增长期将随之而来，这个周期往往有大量的重复和操作，直到调整期的出现，届时，儿童将获得一种新的学习经验，并达到"自动化"的程度。

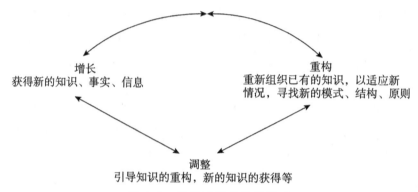

增长
获得新的知识、事实、信息

重构
重新组织已有的知识，以适应新
情况，寻找新的模式、结构、原则

调整
引导知识的重构，新的知识的获得等

图 2.1　诺曼的复杂学习模式

前面章节中对游戏模式的描述与该学习模式是如此相似，这真令人兴奋，是对学习的游戏观的莫大支持。它可以用来解释所有的学习过程，无论是儿童的还是成人的。虽然它没有说明作为教师，我们应该如何促进学生的学习，但是，班尼特（Bennett，1984：24）等人认为，它引出了这样一个问题："在学习过程的各阶段中，教师对儿童应作何要求？"对此，作者以诺曼的学习模式为基础，结合老师对幼儿提出的任务要求，总结出该学习模式所包含的四种任务，其中每种任务对学习者都有不同的要求：

增长的任务：这是一个基本的增长过程，要求学生模仿，并一步一步地重建新的行为操作程序。

重构的任务：儿童主要操作熟悉的材料，但是面对问题，需要构建新的方法。

丰富的任务：实质上，这是增长的第二个周期，要求扩展新概念和技能的应用范围，而不再学习新的知识。

实践的任务：重复和自动化（调整过程），要求把所学的知识和技能迅速迁移到类似的问题情境中（Bennett *et al.*，1984：23～24）。

针对上述四种学习任务，班尼特（Bennett）及其同事认为应增加一项"复习"的任务。因为，他们发现，在学校学习情境中，回忆（或是"学习损失的最小化"）是一个重要的要素。他们强调，上述的几个过程是同样重要的，绝不存在主次之分，但它们有"性质方面的不同要求"（Bennett *et al.*，1984：26）。儿童在每个过程中所花费的时间是因人而异的，但是在游戏情境中，人们可能期望每个人得到的时间是相对平等的。

然而，通过该学习模式的研究，笔者发现，实践的任务在6～7岁年龄段儿童的学校活动中居支配地位。这些儿童的主要任务是学习，而丰富和重构的任务，由于"要求发现和发明，所以，很少作为要求被提出来"（Bennett *et al.*，1984：29）。或许，这必然导致教师在为学生提供支持时，将视学习为"工作"而非游戏。

看来，班尼特（Bennett）及其同事所描述的教学学习情境得到了许多肯定，包括考克科洛夫的数学教学［Kockcroft Enquiry into Mathematics（DES，1982b）］和 HMI 的报告，例如《初级学校教育调查》［*First School Survey*（DES，1982a）］——如果教师能接受以游戏为中心的学习观点并采纳其教学建议，或许能发生令人满意的变化。事实上，班尼特仅强调了学习的某些要素，例如，重构、丰富、主动发现、以已有经验及知识为基础，发展新的经验和知识。这些要素，对于把学习当成"工作"的教师而言，是很难在教学中涉及的。

此外，还有一个问题值得我们思考。班尼特等人认为，复习的过程可以不需要游戏，因为具体经验本身的真实动机已经足以保证儿童进行回忆的可能（Brierley，1987：92）。的确，想想我们自己，应该都记得自己亲身经历过的那些最重要的事情。对此，我们也有了更深的认识，正如皮亚杰（Piaget，1966）所指出的：

儿童只有对自己创造的事情，才能有真实的理解，我们总是试图迅速地教会儿童某些东西，而忽略了让孩子自己去重新创造这些东西。

许多研究者都强调，使学习建立在已有经验的基础上是很重要的。哥洛利和布鲁纳（Connolly and Brunner，1974：310）指出："高级技能建立在对已有技能的学习和调整的基础上。"瓦格纳和史蒂文森（Wagner and Stevenson，1982：203）也认为，学习是知识从一种任务到另一种任务的转换，它以经验为基础，但不能受限于经验，而应当应用于更广的范围。凯里（Carey，1974：190）对此表示强烈认同，他指出：

所有新技能的学习都依赖于已有的技能，那些未整合的技能（未充分内化的技能）的作用就在于发展出新的技能。

把"犯错"视为一个学习过程

毫无疑问，任何一种学习都可能出错。许多研究者强调了在学习中"犯错"的重要性。韦尔斯（Wells，1985b：18）简单总结了学习上反复重申的四个问题，其中一个就是强调，"错误的价值在于，能够对学习者提供有帮助的反馈；能够帮助教师了解学生的行为的意义"。布鲁纳（Brunner，1973）指出，"出错"是难免的，因为我们如此快速的学习，并且思考远远超出所提供给我们的大量信息。萨尔茨贝根、维坦博根等人（Saltzberger-Wittenberg *el al.*，1983）也强烈支持这一观点：

真正的学习和发现只能发生在"不知道"的状况下，应当给学习者足够的时间，通过感觉和探索去收集所有的信息，直到某些有意义的行为发生。

本章开头的第二个游戏情境中的儿童的行为能很好地证实这一点。然而，现实很糟糕，在学校里，很多学习情境出现时，只有极为年幼的儿童能得到正确的反馈。教师只是告诉孩子其行为"正确"或"错误"，在这种情况下，"错误"则意味着儿童是失败者。指出某种形状的名称、逐字逐句地读、练习发音、拼拼图，所有这些活动都在强调，如果出错你将无法学到任何东西，错误就等于失败！游戏学习的一个主要特征是，必须为学习者提供无需担心出错，能从错误中学到东西的机会。第一个游戏情境中的建筑沙塔，提供了一个没有压力下的学习高度和稳定性的好机会。这里没有任何失败感，仅仅是通过试误来学习。有时教师忘记了幼儿的自信是多么的脆弱。儿童常常逃避一些在学校中代表失败的事，因为这些事使儿童在某种程度上丧失了自尊。据我所知，这样的事在课堂中是时有发生的，这常常使儿童感到不愉快，成为娃娃家的被动旁观者，待在手工桌旁，或者长时间躲在厕所里，抑或只是生闷气。忙碌的教师一般不会发现这些问题，他们也认识不到孩子的这些不愉快显然是他们教学的失败。当然，并不是所有失败的孩子都生气，也不是生气的孩子都是因为失败。我们应当认识到的是，不应该要求儿童每次都获得成功；同样需要铭记的是，在学校中，应当为幼儿建立自信心去尝试新观点和新活动，失败感将使孩子感到缺乏安全。但是，无论怎样，学习应该是一种刺激的、愉快的挑战，而学校是最适合开展这种学习的地方。应该接受儿童是自信、独立的个体的发展观。应该帮助儿童了解自己是谁，是什么人，能做什么。（在第八章，我们将进一步讨论儿童的自我认知和自尊的问题）

儿童在短短几年的时间内所学到的无与伦比的财富是值得我们尊敬的。霍尔特（Holt，1975：85～92）提醒我们不要因为儿童的"天真",而认为他们仅仅是"可爱"而已,以免"无法准确地认识儿童的行为,或过于严肃地看待其意义"。现在,我们要指出的是,上述的游戏的观点为儿童提供了一种学习模式,它包含了尝试错误的学习方式,并且其中也蕴涵了一定程度的成功。

激发性和刺激性游戏

首先,游戏具有激发作用。这也是为什么游戏能为学习提供一个特殊氛围的原因,无论学习者是儿童还是成人。史密斯(Smith,1982)认为游戏作为一种动机极具教育价值。校外的游戏能激发儿童探索和体验家庭、公园、街道、商店、邻居等区域。发展中的儿童出于自身需要,在不同的时间以不同的速度专注于某种游戏情境中,而游戏为儿童提供了大量的时间,使其学习有可能得以延伸和扩展(Tizard and Hughes,1984)。在学校开展游戏是很有必要的,它能激发不同的学习。作为教师,我们必须承认这一点。我们的确不应该复制家庭的游戏情境。尽管两者有联系,但不同环境下的学习很可能是不同的。教师不仅应为儿童找出家庭游戏与学校游戏的联系,也应该为他们提供必要的指导(因为毕竟教师是接受过培训的),应确保学习的发生。正如萨瓦(Sava,1975:14)所认为的:

对儿童的发展很重要的一个事实是,通过活动(家庭所提供的那些非正规的、无规则的游戏)可以刺激儿童的大脑,提高他们处理日益困难的学习任务的认知能力,这些困难也许是今后的几十年中他们将遇到的。

丹和伍德(Dunn and Wood,1977)发现,成人的角色在儿童游戏发展中处于核心地位,甚至后来儿童自己独立的游戏时,成人的地位依然如故。这似乎为目前的游戏观点和教师在游戏中的重要性提供了支持。儿童在家可以进行搭砖头的自由游戏,学校应该有所不同，应该确保儿童通过校外的经验的学习了解更多学校的情境。诚如萨尔茨贝根、维坦博根等人（Saltzberger-Wittenberg *et al.*，1983：123）所指出的：

事实证明，优秀的学校应认识到家庭的重要，并不希望取代父母的地位，而是接受自身与家庭不同但同样重要的角色……儿童将从认识学校与家庭的这些差别中获益，或许他们能在轻松的学校氛围中得到放松，或许能发现与这些不同于父母的成人的新关系，也发现与这些不同于兄弟姐妹的同龄人的新关系。

萨顿·史密斯（Sutton-Smith，1986）从父母为儿童提供的玩具中就可以看到，家长只关注儿童的独立游戏，因此，学校必须帮助儿童建立同伴关系。布拉其福德（Blatchford，1982：3）也举了很有说服力的例子，证明幼儿之间的关系"目前被忽视了"。他们发现同龄儿童的交往互动可以促进"人际关系的了解和能力的提高"，而与社会化的、世故的成人的交往则达不到这种效果（1982：154）。这种人际关系的发现，帮助儿童理解自我并大大促进了个性的发展。理解自我并获得对自己能力的自信，进而扩展视野，形成独立性，这些是儿童发展中最受早期教育者关注的特征。

接着要谈的是，在幼儿游戏中固有的身体运动方面的学习。平衡、控制、敏捷、双眼协调、脑和小肌肉对材料的控制、协调个体的身体和运动能力，这些在很大程度上让儿童体验到自信和自我价值。幼儿需要运动，事实上，让幼儿静静待着是不可能的。毋庸置疑，幼儿进行他们需要的运动，只是出于生理上的原因。但是，目前许多事实证明（Wetton，1988：Ch：3），并不是所有这些活动都适合幼儿，比如，一些心脏疾病以及类似的疾病，都是因早期不适宜的活动产生的。教师必须根据儿童的能力来开展工作，在各领域，尤其是身体保育方面，必须做好充分准备帮助儿童发展，教师应该为幼儿的身心健康做出努力。身体运动对儿童和成人的意义是一样的。人们相信运动能够协调呼吸，促进血液循环，以及食物的吸收与消化。好的睡眠方式和休息也是对身体的一种锻炼，确保儿童恢复充沛的精力以面对新的一天，进行新的活动和学习。

现在，我们用史蒂文斯的话来为这一章作一个总结。他提出，儿童作为一个社会人，除机体和自身成熟的正常发展外，游戏是其发展的必要条件和核心基础（Stevens，1977：242）。学习贯穿于我们终身的正常发展中，也带给我们一些新的兴趣（Sava，1975：9）。周伊特和希尔瓦（Jowett and Sytva，1986）在一所主要开展认知挑战性游戏的托幼机构进行的研究已经揭示了游戏对未来学习的巨大潜力。奥斯本和米邦（Osborn and Miband，1987）的纵向研究表明，在学前教育阶段的投入以及早期的各种各样的游戏与学习机会，在日后将得到良好的回报，并且将对儿童未来5年甚至更远的教育产生积极影响。皮尔斯和兰道（Piers and Landau，1980）介绍了费泰森（Feitelson）的一项实验。该实验以两组以色列儿童为被试，一组儿童进行迷宫、拼图和积木的引导游戏；另一组儿童拿着纸笔在教师引导下学习前阅读技能。然后进行一项测试，要求儿童造出含5个单词的句子。与学习阅读技能的儿童相比，玩游戏的儿童较少出现错误，并且更有准备和热情地完成了任务。据此，费泰森认为，特定类型的游戏可以很好地促进学校学习，以游戏的方式学习比直接传授技能的效果更好。这样的研究结果为目前提倡的引导游戏提供了强力的支持。

在学校，教师的角色是确保学习得以维持并不断发展，除了纯粹的智力发展以外，其他因素也统统纳入到学习中。因而，情感、社会性、身体、伦理、道德以及智力共同构成了"学习"的整体结构。它们相互依存、相互联系，造就了一个理性且有主见的人，这样的人应该有问题解决的能力及在不同情境和行为下提出问题的能力。当然，这种能力的水平及取决于不同年龄阶段中儿童发展及其经验的相互关系。在4～8岁的年龄段，在学校学习情境中，尤其强调满足儿童在以下几个方面的需要：

图片 5　教师必须不断致力于提升儿童的能力，

从而进一步促进儿童的身心健康发展。

1．积极参与所有的学习体验，以促进各种知觉的发展，包括运动知觉。

2．体验新的学习情境，最重要的是，重新构建已经有的知识，并把所学的知识和技能运用到新的问题情境中，以找到解决问题的办法。

3．成人能支持儿童的发现和创造，以促进其独立的思考和行动。

4．通过与其他儿童和成人的交往，学习各种社会技能、道德、价值观。

5．结合各种各样的材料和经验，开展有意义、有结构的游戏，将有助于上述第 2 项的发展。

6．在稳定和谐的环境中，实践和改进技能，不必担心失败，愉快地学习。

对于某些特定的技能，儿童也可能需要以成人为榜样进行学习。在本书的第二部分，将详细阐述这方面的内容，分析与当前的游戏最为匹配的学习方式有哪些。

儿童需要有机会和成人及同伴开展更多的谈话和有目的的讨论，这些交流与讨论的内容应涉及个体和环境的方方面面，这也是学校的语言教学和正式学习的基础。第三章将详细讨论这些问题。

第二部分

第三章 游戏与语言

游戏情境

1. 两个 6 岁大的孩子正在往托盘里掺洗涤水。他们各自有大小不同的塑料瓶、罐子、漏斗和一个大塑料吸管。一个孩子用漏斗将起泡泡的水灌进瓶子里；另一个孩子将吸管插进瓶子里，然后通过吸管向瓶子里吹气，使很多泡泡沿着吸管冒出来。他们交谈的话题有：云彩如何形成（和瓶子如何冒出气泡相似）；超人（因为他从云中飞过）；当气泡乱飞弄湿自己的脸时，他们还提到雨；不透明的泡沫水下的"看不见"的东西；当他们将手放入水里时，泡沫爬到他们胳膊上。正当孩子们的话题进入超人在云彩里冒险的故事时，老师介入了他们的谈话。

老师：泡泡是怎样形成的？

第一个孩子：约翰好愚蠢呀！（用吸管捅另一个孩子）

老师：约翰愚蠢吗？

第二个孩子：他是很愚蠢的！（推另一个孩子）

老师：是有点愚蠢！这些泡泡是怎样形成的？

第二个孩子：（咯咯笑着）吸管的原因！

第一个孩子：（咯咯笑着）泡泡的原因！

老师：完全是因为吸管吗？你确定吗？

Just Playing?

第一个孩子：（低下头）是吸管形成的！

老师：你能想出还有其他的原因能形成气泡吗？

暂停了很长一段时间。

第二个孩子：（使劲地摇瓶子，瓶子里出现了大量的泡泡）瓶子的原因。

老师：过来，仔细想一下！

第二个孩子：超人的原因！

孩子们拿着装泡泡的瓶子相互追打，引来老师的一顿训斥。老师走了，孩子们随后也走了。

2. 三个4岁大的孩子在幼儿园玩形状贴纸：

第一个孩子：（对大人们说）我做了一个怪兽！

第二个孩子：看我做的怪兽！

成人：哦，它们看起来好吓人呀！

第三个孩子：你们看，我的是一个"黑漆乌漆"怪兽！

第二个孩子：我的也是！（所有的孩子和大人都笑了）

谈话暂停，孩子们都忙着往怪兽身上加特殊的标记。

第二个孩子：我也做了一个"噜漆咕漆"怪兽！

第三个孩子：我们现在有"黑漆乌漆"和"噜漆咕漆"两个怪兽了！

这些怪兽是孩子们为了使用"黑、乌、咕、漆"这些词进行交流而创造的。

这些孩子们一直在玩这些发音游戏，嘲弄彼此的发音效果，还邀请大人们加入。成人拒绝了，但仍在旁边观看。游戏还在持续，孩子们在怪兽身上增减不同的脸、帽子、脚及其他配件，直到第一个孩子（那个最早开始谈话的孩子）大声说：

第一个孩子：我做了一个"吃吃狮"！

笑声再一次响起来，这时成人提供了更多的关于"狮"字音的词语，孩子们很快将它们运用到游戏中。游戏又持续了20分钟（一共有35分钟），在这期间，孩子们在探索这些押韵的词汇。

这两段例子主要表明了在教室和学校情境下，语言互动的典型特点。它们引出了儿童的多样化解释和分析，这正是本章所要探讨的主要问题。

孩子们在游戏中经常运用语言，正如上文中的第一个例子，我们可称其为"用来游戏的词语"（至少在老师干预之前，这一点以后再作讨论）。第二个游戏情境所描绘的并不是在学校常见的语言交流，而是特别的语言与文字游戏。

这两种情况及后文将提到的另一些情况，均有一个共同点：对儿童而言，它们都是有意义的谈话和沟通。正如哈利德（Halliday，1975）所说的：

使用语言的普遍特征是：它有意义，有情境联系，还有最广泛的社会意义；儿童在每日的学习过程中，可以深切地感受到这一点。

但是以上的游戏情境不单是描述孩子语言运用的情况与能力而已，尤其在第二个例子中，它更想表明的是所有参与者思想的交流与分享（Wells，1985）。

语言、沟通与意义分享

目前的语言发展理论，明确强调了语言的沟通功能：语言不是凭空而来的，它是相关意义的重组，尤其是共享意义的组合。诚如怀尔斯（Wiles，1985：89）所强调的：

只注重语言，而不注重语言表达的内容是毫无意义的。由于语言是交流的工具，而不是目的，所以人们对语言感兴趣的原因并不在于语言本身。

语言的交流功能产生于幼儿生活的方方面面，在学龄期或学前期，幼儿已经成为家庭语言交流系统的一部分。从出生那一刻起，成人就通过语言或非语言的途径，向幼儿强调意义沟通的重要性。缇扎德和休斯（Tizard and Hughes，1984）以及韦尔斯（Wells，1985a，1998）的研究表明：在家庭情境下，谈话互动有极大的益处，因为这种自然的环境容易产生有目的的语言，使儿童发起语言交流，从而产生出更多的具有儿童特征、适合儿童运用的语言，反过来，这将进一步促进儿童语言能力的提高。韦尔斯（Wells，1985b）和霍尔（Hall，1987）都曾强调：对儿童而言，家庭与社会是学习语言的自然环境，成人应使用正确的语言，引导孩子进行语言学习。

成人作为儿童语言学习的推动者，应注重语言的另一个主要特征，即在有旁人引导的前提下，加之儿童天生对游戏的渴望，尤其是与他人一起游戏的时候，儿童可以在这一过程中调节自己口语的发展。因为，游戏情境，尤其角色游戏（稍后分析），可以在认知和情感两个领域，为儿童语言的发展提供一个适宜的环境。

利维（Levy，1984）研究了游戏与语言之间的密切联系，她通过大量的文献来研究 5 岁儿童在游戏中的语言运用。她发现游戏与语言两者存在一种"不可否认的联系"：游戏是促进语言发展与创新语言运用的有效媒介，特别是在分辨新的单词和概念，促进语言的运用与练习，发展超语言的意识和促进言语思维等方面。（Levy，1984：60）

图片6　游戏是一种刺激语言发展和革新语言运用的有效媒介。

上述游戏情境所引用的两个例子，恰恰表明在幼儿的生活中游戏与语言是如何相互联系与相互促进的。事实上，在第二个例子里，语言已经成为一种游戏材料。因此可得出这一结论：这种游戏，即文字的诗词化与押韵化（Bradley and Bryant，1985），是从早期的韵律歌谣中发展而来的，而儿童只是纯粹快乐地享受与众不同及充满感性的文字。例如，孩子谈到"霸王龙"时心里充满怪兽与可怕家伙的印象！米克（Meek，1985：46）指出：

通过构造表达情感的词汇，儿童充分发挥自己的言语和理解能力，将自身置于一个无限的想象空间。

在第一个故事情境中，我们可以看到对幻想和神秘故事的学习，尽管因为教师不适宜的干预方式，这些学习不幸被贸然地打断了。然而，我们已经能从中看到儿童借助文字进行游戏与想象的潜能。

在游戏情境下与儿童对话，若能做到不以任何成人的立场去"质问"儿童，则可以深入儿童的内心世界——并从中发现是什么阻止成人进入儿童的世界！我在实施一项语言能力测试时，遇到一个四岁的幼儿，那天他的宠物仓鼠死了，他一边沉思一边对我说：

幼儿：莫阿姨……它住在天堂一定很糟糕。

莫阿姨：我不太明白你为什么这么说？

幼儿：嗯，天堂在云里，对不对？你说过云可以产生雨，并且充满了水，所以 Suger（宠物名）就被弄得很湿！

皮亚杰（Piaget，1926）所描述的自我中心语言，是指儿童几乎从不站在他人的立场思考问题，就这一例子看，这一观点应遭到质疑。

遗憾的是，或者反过来说，儿童很难找到合适的语言来表达他们由于自身语言和思维的内在发展而导致的探索能力的实际发展。对于成人来说，儿童即时的语言表达能力很少被用做学习的测查指标，但是学校对这种能力经常是有所期望的，并希望这种能力能够尽快发展。儿童在游戏情境中，不但玩语言游戏，同时也大量使用语言，成人可以借此获悉儿童思维和学习的发展情况。那些具有评价意义的非语言情境，也是值得注意的。教室里的身体语言是个有趣且有意义的话题，但是说来话长，在我们这个简短的有关语言和游戏的文章中不再详述。然而，它还是值得一提的，因为任何形式和内容的语言，包括游戏性语言，都能为我们提供一种学习语词、语感的工具。

幼儿学习语言，并非仅仅是在学习语言，同时他们也以语言为工具学习其他东西。此外，他们也运用语言进行思考和交流。在幼儿早期，这种情况在游戏中时常发生。语言在思维和想象的发展中的作用是不容忽视的。众多知名的思想家，如皮亚杰（Piaget）、布鲁纳（Bruner）、乔姆斯基（Chomsky）以及维果斯基（Vygotsky），针对语言与思考的关系问题，都已经提出过不同的理论假设，都试图在儿童发展过程中找到两者何者为先的答案。然而，绝对正确的唯一的答案仍旧没有找到，毫无疑问，这个难题将会继续存在。事实上，了解两者之间的相互关系的最佳办法，或许是去检测和探索儿童在游戏情境中的语言。这种语言具有重要的功能性，它是一个思想的载体，也决定着思想的内容。正如霍尔（Hall，1987：73）所说：

幼儿的学习成就是值得尊重的。在几乎缺乏具体指导的情况下，儿童从一个几乎完全无法自立的阶段，转变成为一个说话流利、理性发达的社会人，同时还建构了许多关于世界如何发展的复杂假说。

没有一个领域能比游戏过程与形式生成更多的语言。事实上语言在孩子的生活中无处不在，教育仅仅是强调语言的无限性与普遍性。

游戏与语言

前面我们探讨了游戏的过程与模式以及游戏与游戏行为，最后从游戏谈到了"语言"这个词。语言是学习的工具，也是学习的最终结果。在第一章关于学习过程的螺旋假说中，语言是最重要的，不仅是儿童在游戏中学习的载体，根据第二章班尼特（Bennet）等人（1984）对学习模式的分析，它也是未来学习中重组与丰富知识的内在途径。尽管很难安排，教师还是应该找时间测验儿童的语言能力。引导游戏为教师提供了扩大儿童词汇量的机会，通过总结以前的游戏过程以及讨论和交流，教师可以拓展儿童的思维。当教师与儿童的交流连贯而有意义时，随之发生的游戏将处于一种轻松的氛围中，这将使教师更容易了解儿童的反应，包括儿童所理解的和所误解的事情。

由于儿童在学习与发展语言的过程中，经常处于一种"试误"的状态，并且这样的状态会持续很多年，因此通过探索和试验进行学习是语言与游戏的另一个重要特征。在学习语法的过程中，儿童往往会错误地运用"规则"，例如"I goed to school"或者"I saw two mouses"。这是语言学习中重要的一步，经过家长纠正，儿童的语言将朝正确的方向发展，因此，这不仅是一个错误而已，这种错误是有价值的。韦尔斯和尼克斯（Wells and Nicholls，1985：18）指出：

错误的价值，对学习者而言，在于为其学习提供有帮助的反馈；对教师而言，是深入了解学生想法的渠道；它是促进或阻碍学生语言学习的重要因素。

现在，我们将围绕教师与儿童的语言交流及其对幼儿学习的帮助这一主题展开讨论。

语言、游戏与教师

许多研究，包括近来德斯福吉斯和考科本（Desforges and Cockburn，1988）关于幼儿数学教学的研究都指出，语言更多时候是被教师用于控制儿童，而非教学本身。爱德华兹和莫森指出，现有的以儿童为中心的教育只不过是一个"认知社会化"的过程，即教师与儿童之间的沟通往往偏重于学习的"形式"而非概念理解（Edwards and Mercer，1987：157）。虽然这一观点还存在争议，但了解学校教学情况的人，或许会认可爱德华兹和莫森的结论。很多情况下，教师的这种形式化的教学对学生的学习是有害的。回顾本章开头所呈现的第一个游戏情境，教师努力为学生讲解空气的成分，然而他的介入，却破坏了儿童丰富的语言游戏环境和有意义的交流情境。

你可以从师幼比的角度对这些教师表示同情，但千万别忘记这是一个值得研究的问题，因为其结果无论是对学校的管理还是教学实践问题都将有极大帮助。许多实习教师发现：只有他们这些作为实习生的老师，才会把儿童的游戏行为视为学习。那些有多年教学经验的老师，由于见多了儿童的游戏，有过无数次介入游戏的经验，已经对此习以为常，认为那只是游戏而已。爱德华兹和莫森曾就学生的学和教师的教做出如下解释：

学生的问题在于，他们还不完全理解学习的目的和过程。虽然是在友好和自然的气氛下学习，孩子们还是常常被要求做这个、学那个、理解某些事情。而这些对孩子而言，除了是"老师让做的"之外，没有其他明确的该做的理由。这并不符合课程设置的目标和目的。事实上，课程设置时未必有涉及这些内容。（Edwards and Mercer，1987：158）

如果我们接受先前的假设，肯定语言在沟通、意义的分享和协商方面是必不可少的，那么我们必须正确看待儿童，了解他们生活的环境。霍尔以文学写作为例，强调了这一观点：

学校里，许多老师教授的写作方法，仅仅是教学参考书上的建议。这些方法并不丰富，也没有意义……与学校以外的世界毫无关联……儿童自己对写作的看法被忽视和否定了。（Hall，1987：173）

游戏的需求是儿童的内在需求（Gessell *et al.*，1973），运用语言进行交流的需求也一样。我认为，让教师与儿童进行真正的、有意义的自由讨论的最佳方式，就是开展包含丰富语言的游戏。正如凯茨在探讨早期教育中如何帮助儿童进行交流时所指出的：

有关儿童语言交流的其他研究表明，当儿童进行某种内容丰富而有趣的游戏时，从游戏中、从同伴间的交流中、从与成年人之间展开的非正式的小组讨论中，他们可以获得很多益处。那些从事早期儿童教育目标设定和教育阶段安排的工作者，应该考虑延缓对儿童进行正式教学，至少把这一任务推迟至低年级阶段。（Katz，1985：67）

在游戏学习的螺旋模式中，老师无须专门制定语言发展的测量工具，因为教师自己就是评价者。我们常常催促儿童尽快学习书面文字，却忽视孩子充分的自由交谈的重要性，主要原因在于书写可以从视觉上满足成人的价值判断需要，也就是所谓的有形证据。例如，写字本或算术本，会让我们有较多的安全感。然而，问题是我们并不知道这些对儿童有什么真正影响。当然，我并不是反对鼓励孩子成为积极热情的作家。但是，无论如何，如果儿童没有在游戏中进行口语交流，没有产生探索理解书面语言的需求，那么其他的一切都是空谈。正如霍尔在一本相当具有可读性与实践价值的书中，曾就培养儿童写作能力的问题作此论述：

以儿童为中心，以游戏为基础的教育，其意义在于：由儿童发起谈话，老师进一步扩展其交流。然而，调查过很多课堂后，我们发现，在幼儿园阶段之后的教育中，很少能做到这一点。（Hall，1987：16）

据我所知，即使在幼儿园阶段，除了出于职务与管理的需要外，教师也很少采取某些方式去扩展幼儿的交流。伍德等人（Wood et al.，1980）在牛津学前教育研究项目中，总结了许多这方面的调查结论。他们提倡成人参与儿童游戏，提出如下观点：

有效的师幼互动的关键在于成人对儿童的即时回应。成人的语言及行为应当尽可能与儿童的想法和行为相一致，但是，如果成人准备传达并让儿童接受自己的观点，则可能夸大、发展或延伸这种观点。

我们没必要为教师提供一份具体的游戏中语言运用的规范。大部分教师都有相当的技能去设计发展儿童语言与写作能力的活动，也有很多有用的参考书，例如《发展语言的好方法》（1984）。基本上，关键问题是要重视游戏活动，尊重并认真对待儿童的游戏。对此，我们的建议是，读者应审视自己在儿童游戏中的语言运用情况。我发现许多班级在游戏组织上不够仔细，特别是那些为5～8岁儿童提供的游戏，往往无法发挥其最大的作用与潜能。本章的主要议题应专注于补充、加强对语言和游戏的讨论，或许偶尔也应改变思路或从另一种新的角度去看待语言和游戏的问题。

交流的价值

教师必须正确认识儿童在教室情境中的交流价值，它不仅仅指儿童对老师的提问的回应，更值得关注的是儿童与教师及同伴交谈时所透露出的个人的想法、观点。身为一名教师，要时常提醒自己的是，我们不可能了解一切。因此，我们无法确信自己总能发现对孩子们极具意义的特殊事件。我们所能确信的是，一个多元化的环境、创新的课堂，可以为不同的儿童提供不同的机会，更重要的是，每个孩子都能有机会探索一种新的方法和情境，这也就意味着孩子可能通过语言和游戏的方式探索新事物。克拉克（Clark，1985）收集整理了许多儿童之间的热烈交流的丰富资料，但是，老师却很少留意到这些热烈交流的内容。虽然，对于"游戏可以发展儿童的想象能力""增加儿童学习的机会"，这些观点还存在争议，但是，游戏对那些入学前没有什么经验准备的儿童有极大帮助，这一点是可以肯定的。这不就是为什么我们需要幼儿教育，而不要当前国内更多样的其他机构的原因吗？因此，合理的幼儿教育应确保教师明白学习的本质在于把儿童第一手的感官经验与其想象、语言及思维的发展联系起来。

成人在创设游戏情境时，既要重视游戏本身，也要提供机会发展儿童对目的、观众和记录的意识。我们必须肯定游戏是儿童的一种文化，同其他文化一样，它有自己的独特语言（Bettleheim，1981），这种语言也可以将"局外人"拒之门外。成人与儿童沟通并不容易，这不仅因为价值观的不同，也因为成人不属于这一特别的文化圈（虽然他们曾经经历过）！

从这个角度审视游戏，则蕴涵着参与者必须"倾听"的要求。教师们常常抱怨现在的孩子没有以前的孩子听话。虽然未经研究证明，但是可以断定其中一部分原因或许是电视、收音机、音响、电脑等给日常生活带来过多噪音。然而，教师也应该认识到，事实上，由于各种各样的原因，他们自身也不是很好的听众。在匆忙又喧闹的教室里，为了努力配合所有的课程要求，老师们倾向于催促孩子，替他们说完未完整表达的话，打断他们的活动以示需要安静（如上述游戏情境一的案例），搁下与一个孩子的谈话，去纠正另一个孩子的错误——这样的情况可能没有止境。但是，韦尔斯（Wells，1985b：33）指出：

要想成为一个认真且有同情心的，同时又能对发言者做出积极回应的听众，必须具备这样的素质：能表现任何年龄的交谈者的行为特质……尤其是当对方不太擅长于交流时。

另外，我们必须清楚的是，要让孩子知道我们的交流是直接针对他们的。我们都知道，孩子们常有"你一定在跟其他人说话"的想法。因此，全班性的讨论无论以何种方式都无法满足儿童个别交流的需求。所以，一定要有小组讨论时间，以及老师和孩子偶尔的个别谈话，才能保证有效的沟通。有些孩子比其他孩子需要更多的时间才能有效地交流，因此，对这些孩子必须采取个别谈话的方式，这对他们是很重要的。科纳海（Crahay）在他1980年所作的未出版的书中，介绍了凯茨（Katz，1985）的一项研究结论：在一个典型的学前教育课堂上，只有5～6名儿童（那些表达能力最好的孩子）与教师有充分的口语互动。原因是老师倾向于和那些口语能力较好，表达流畅的孩子交流。大家都知道其他不善于表达的孩子也需要谈话与交流，然而，事实上，他们只有在没有老师监督的游戏情境下，才敢积极地参加小组讨论。

问题与提问

如果老师重视儿童的交流，那么提问将是一个必须重视的方面。在学校之外的"正常"世界里，儿童会提出大量的问题，但是在学校却不问问题。一定类型的问题是促进儿童思想发展的必要因素，但是，教师往往只在课堂交流时进行提问（Tough，1977b）。伍德（Wood，1983：160）强调："教师与儿童的谈话方式，可以帮助儿童明白如何积极地表现自己的能力"。特别是在 4～5 岁期间，儿童通过提问，确认他所见到的事物和所经历的事。这也是他们开始分辨幻想与现实，开始开创他们巧妙地应付这个世界，发展自治能力的新阶段。教师的提问还能帮助儿童在语言及游戏中开拓想象空间。但是，通常教师的问题里包含有简单的、提示性的答案，或者答案清晰地在问题中，抑或是孩子们早已知道老师所要的答案（问题）是什么。大部分人以为儿童喜欢这样的问题，事实相反，这不仅没有激发儿童的想象力和创造力，反而使儿童对问题直接产生害怕和抵触心理。正如伍德（Wood）所说的："谁提问，谁就掌握主动权！"因而，假如老师的脑海中早就有预先设定好的答案，有普遍的"对/错"的观念，那么儿童在回答之前，就已经知道他只能接受对或错两种结果而已！

游戏、语言与不同种族背景的儿童

如果我们否认孩子自己使用的，或是入学前学习的语言，将会使他们对学校的态度、对学习甚至对一般生活技能的掌握受到不良影响。布拉兹福特（Blatchford，1982）等人在谈到家庭与学校这两个"平行世界"时指出：

> 如果这两个具有潜在价值的合作情境，没有应有的合作时，会失去很多成功的教育机会——因为这两个环境的连接，对儿童视野范围的扩展有很大的帮助。（Blatchford *et al.*，1982：164）

以上论述尤其适用于以英语为第二或第三语言的儿童。已经有众多重要的文献资料证明，发展良好的第一语言运用能力，将对第二语言的学习产生巨大的影响（Cummins，1982；Saunders，1982）。任何语言都用一定的结构，一旦掌握之后，对其他语言的学习会有帮助。儿童需要大量的语言运用和评价的例子，然后才开始建构他们自己的语言模式（Nord，1980）。儿童接受语言信息后，需要时间去消化，因此，第二语言学习者、被动语言学习者以及年幼的语言初学者，常常保持片刻的沉默，或是站在一旁观看他人的游戏与对话。由于语言与文化息息相关，在儿童没有将语言与文化进行充分的联系时，应该让他们获得更多的经验，因而，语言表达的学习往往需要更多的时间。值得注意的是，孩子之间的交流要自由得多，甚至可能彼此使用不同的语言。这是儿童的共性。如科提斯（Coates，1985）所指出的：

> 在预先准备的非正式环境下，一群孩子之间的互动对一个孩子是有帮助的……可以发展他的语言技巧，对问题简单而直接的回答和解释，可以营造一种融洽的氛围。

让儿童在教室情境中学习英语，为儿童开设专门的语言课程，或是进行深入的母语教学是很重要的（The Swann Report：DES，1985b）。任何一种环境都有其独特的社会和文化背景。学习一种语言，必须学会从不同的文化视角看问题，在教室里儿童可以从同伴或成人那学到这种能力。这也是为什么要邀请不同文化与民族背景的家长，讲述他们的风俗故事，或是朗诵特有的韵律诗词给孩子们听的用意所在。在我自己的印象中，最精彩的语言教学活动，是家长与孩子们一起烹饪家乡风味的活动。

毫无疑问，视觉材料的支持也是必要的，它能辅助儿童成功地完成运用另一种语言的任务，例如，玩偶、玩具、模型，装有看图讲述材料的"故事袋"，扮演故事的道具服装以及图片等。此外，不同文化与性别之间的合作游戏，例如娃娃家、变幻莫测的角色游戏，为语言学习添加了各种不同的文化含量，丰富了语言的使用情境，也体现出儿童自身的文化多元性。各式各样的服装，不同民族的娃娃，不同类型的烹调器皿、餐具、饮食方式，不同的家具安排与布置，都为游戏增添了新的色彩。

有关母语的教与学，还有很多值得讨论的问题，将在第九章进行详细论述。对此感兴趣的读者可以参阅爱德华兹（Edwards，1983）、霍顿（Houlton，1985）、霍顿（Houlton）和韦利（Willey，1985）以及安伯格等人（Arnberg *et al.*，1987）的相关著作，会有很大的帮助。

语言游戏

欧佩（Opie，1959，1969）的研究，充分证明儿童非常喜欢语言游戏。上述的第二个游戏情境，是一个简单的以学校为背景的例子，我们应该给儿童提供更多的发展想象性语言的机会。如刘易斯·加农（Lewis Carroll）的"无聊之语"和迈克尔·罗森（Michael Rosen）的诗歌，即便年龄再小的孩子也能从中体会到乐趣，虽然他们多半不识字，却毫不影响他们对语言游戏的感受，对倾听感兴趣是最重要的。随着诗词的韵律节拍，和孩子们一起游戏更是根本性的关键所在。当儿童重读熟悉的书籍时，常出现这样的情境：他们所使用的文字虽与原文意思相近，但却是以孩子特有的表达方式表现出来的。这些并不需要进行纠正，可以和孩子讨论、交流为什么要这样表达。如霍尔（Hall，1987：91）所主张的："如果孩子能够参与有意义的谈话，那就不需要对他们提出任何额外的要求。"

语言游戏可以帮助儿童区分"有意义的"和"无意义的"信息，当儿童发展到能意识到某些事物是荒谬的，或喜欢不断讲笑话时，即表示已达到幼儿期发展的最高水平。否认儿童的语言游戏是有极大危害的，为何不将它合理化呢？给儿童一些怪物玩偶，允许他们利用废物制作机器人，鼓励他们模仿滑稽的角色，更重要的是，给儿童一些奇怪的、幽默的、无意义的词，引导他们去发挥想象，开展语言游戏。例如，在班级动物饲养开放日或者是宠物展览的日子，给他们一点小小的提示，孩子们会乐意制造一些主题模仿动物说话，而且还是用有趣的怪兽音！所有的儿童都喜欢幽默、有趣、不同寻常的词语，拥有他们自己的文字游戏世界，而且甚至有很多成年人也还喜欢这些文字游戏。能保持这种含义深刻又有点胡闹风格的作家，往往是我们之中最不为这喧嚣的世界所负累的人，就像汤姆·夏普和史彼克·米尔根（Tom Sharpe and Spike Milligan）。儿童喜欢熟悉的韵律童谣、幽默笑话、电视闹剧、滑稽角色，这些让他们感到舒适与轻松。我们为何不允许在学校环境中多为孩子提供一些这样的机会呢？

韦尔（Weir，1962）研究了幼儿临睡前的自言自语，他发现：幼儿在睡前有一段美好的时间，独自玩文字与声音的游戏，似乎是系统地试着将声音与文字结合起来。她的小儿子在建立了语法规则后，又打破了这种规则，一改以往的会话风格，并且乐在其中，这样的过程持续了好几个星期，甚至好几个月。

罗森（Rosen，1973）指出：我们必须使用语言，以一种原本我们并不赞成的方式来增进儿童的游戏。他们认为已有研究充分证明，儿童必须有自己的语言来激励他自己，这在他将来的语言能力中有重要的作用。米克（Meek，1985：47）表示：儿童要理解

"无意义"的字面意思，首先必须区分出他们所知道的"普遍的语言意义"，这也是语言与认知发展中的最重要的一步。

我们所提供的游戏应该以文字游戏为主，尽量发挥文字的趣味性，而不只是一般学校里所展示的既严肃又无意义的语言教学式的游戏。让孩子注意到你在享受文字的趣味以及幽默的句子，让孩子们质疑你所说的，甚至纠正你的错误。试着对 6 岁的儿童说：我有两"个"老鼠，看看他们有何反应，同时也开辟了语言交流与规则使用的新天地。

以语言的方式进行游戏

儿童在游戏中的大半时间都在使用语言，甚至自言自语，或是对着玩具及玩的东西说话，通常包含了复杂的语言互动，例如，角色游戏特别有助于语言、交流技能的发展。米克（Meek，1985：50）指出：儿童可以在游戏中开始对某一事物想象、比喻，并进行深入探讨和阐述，从中发展这两方面的能力。角色扮演游戏，不仅是使儿童理解当前的角色，而且也帮助他们把真实的和想象的经验用于语言和学习。孩子们都喜欢穿上道具服装去扮演另一个角色，尤其是成人世界里的角色，通过模仿，儿童努力去了解成人的世界。史密斯（Smith，1977）、费恩（Fein，1981）以及哈森（Chazan *et al.*，1987：62）的研究发现：表演游戏似乎可以发展儿童的发散性思维……促使其口语流畅，讲故事的能力增强。哈其克诺夫特（Hutchcroft，1981）指出：表演游戏是从戏剧角色扮演中发展而来的，"经由语言与表情的游戏，发展出高度的认知，是一种组织经验的方式"。史密斯（Smith，1988：109）也指出：幻想和扮演能力，同早期的语言与自我认知一样，是儿童抽象性活动的一个基本组成部分，他还指出，这与语言和自我认知的结构发展有密切联系。

有时，表演游戏，尤其是在运用语言去探究概念、展开想象时，可以帮助儿童学习他们没有的经验。例如，失火了，通过消防演习、扮演救火员等，可以获得必要的认知。从娃娃家到《三只熊的家》，可以帮助儿童感受陌生环境中的恐惧与孤独，同时学习大量的意义相对的词语。准备三种大小不同的毛巾或毯子，其中一些是长条的，有些是有斑点的，不同的颜色，有边的或没有边的等，这些可以激发出一些游戏情境，同时含有丰富的语言因素与发展想象的机会——"今天，泰迪熊悄悄地告诉我，他想要一条大大的、有边的毛巾，还有红白条相间的长毯子。"类似这样的小小的提示，可以很快使儿童想到家庭角里的合适的材料，于是相互指导。如果教室里还有其他类似的区角则更好，例如，美工区将成为他们关注的对象，最后的选择则是依他们当时扮演的角色而定的。

在其他情况下，可以将家庭角布置成以下的任何一个情境来促进角色/表演游戏的开展。

- 一个城堡
- 一座太空站
- 一个动物的家
- 一座灯塔
- 各种帐篷
- 一架飞机、一辆汽车或一个船舱
- 一个雪窖
- 一间厨房或家里的其他房间
- 一个电台、电视节目的录音演播室
- 一家客房或旅馆
- 一间博物馆
- 一个山洞
- 一个海底王国
- 一辆马篷车
- 一条船
- 一间娃娃屋

- 一间花房
- 一个马厩或农场
- 一间艺术家工作室
- 一座宫殿
- 一家医院或是诊所

作为以上情境的替代或补充，教师还可以引入开商店的活动，使游戏情境更为生动和吸引人，而不只是一些空空的道具、杂货店而已，可以为儿童提供如下的选择：

- 一间邮局
- 一家帽子手套店
- 一家领带店
- 一家银行或是公司
- 一家二手货流通店
- 一家期刊经销商店或书店
- 一家咖啡店、餐厅或茶坊
- 一家海滨商店
- 一家麦当劳或速食店
- 一家鞋店或手提包店
- 一家服饰店
- 一家发廊
- 一家缎带发饰屋
- 一家纽扣松紧带店
- 一家玩具、甜点、面包店
- 一家蔬菜水果店
- 一家花店
- 一家五金行
- 超市
- 一家旅行社
- 市政服务处

- 一家录音带、录影带店
- 一家鱼店——真的黏湿湿的鱼，更具有真实的感官特性
- 一家壁纸店（儿童可以制作自己独特的印刷壁纸）
- 一家香水店甚至药房（照料孩子带来的任何东西）
- 一家电脑售卖店（儿童可以利用废物制作键盘和其他设施，当然也可以用真的材料）
- 一家电器维修店（当然是旧的东西）
- 一家婴儿用品店（放他们小时候用过的东西，所有的孩子都喜欢回到小时候的感觉）

（不要忘了，所有零售商店都有减价的机会！）

以上所有的店铺都不需要精心制作，不需要如成人要求的那么逼真。儿童常会自己发挥丰富的想象力，所以在这些新颖而又刺激的区域，当然需要有自由游戏的机会。但是，如果儿童需要进行其他方面的学习，教师的引导还是有必要的。这样的角色游戏情境，同时为语言与游戏提供了近乎完美的背景，是把语言和游戏整合到课程中的一种手段。

为角色游戏提供的材料需要经过认真的考虑。一个持续不变的家庭角或商店无法有效帮助儿童突破前一次在自由和指导游戏中获得的经验。在游戏进行的过程中，需要的是想象力，以及让儿童发展和适应的一点时间。正如科提斯（Coates，1985：57）所指出的：

为孩子选择、准备能适当的引发其动机的材料，以促进他们多元化的语言技巧及能力的共同发挥，这在教育的起始阶段是重要的，因为它提供了语言发展的机会，并使其发展更具意义。

无论社会性游戏有多么重要，也无法掩盖我们并不愿意所有的时间都待在小组里的事实。儿童和成人一样，喜欢享受安静的时

刻，思考或练习他们自己的判断力。许多这样的情况，发生在角色想象游戏情境的独自游戏中。独自游戏的儿童的语言中往往包含了多方面的信息和内容。善于观察和理解的成人，能够从儿童的言辞中，无尽地洞察他们的思想，这样的时刻，成人和孩子们一样，一定要珍惜。

萨顿·史密斯（Sutton-Smith，1986）的观点是对上文的一个很好的总结，他指出：玩具实际上意味着独自游戏，它很少呈现出明确的语言成分，当然社会性的语言就更少了。如果注意观察那些深陷于结构性玩具、玩水游戏和玩具屋的儿童，会立即发现这些独自玩的游戏在教室里也很常见。值得注意的是，很多儿童在家庭环境中，也常进行这类游戏。或许，学校应当鼓励更多的社会性游戏，提供更多的上面提到的富于想象的角色游戏的机会。

关于语言的游戏

阅读故事实际上就是一个文字与图片的游戏，它不仅给儿童提供丰富的想象资源，还能给儿童和成人提供即时的快乐。米克（Meek，1985：42）指出：儿童早期与书籍和印刷图片的交流是极为重要的。但更重要的是，教师如何引导儿童读书，以及儿童对阅读的理解和看法。通过读书，儿童开始学习关于奇妙的语言、语言的表达方式、文字的意义、句子、页码、字母、句号、逗号、注释、段落等的一些知识。此外，金曼（Kingman）研究报告中提到（DES，1988a）：7 岁儿童应达到的目标是"能使用和理解简单的形容词，这对儿童和教师的交流讨论是必要的"；另外，报告还给出了一些儿童讨论用词以及针对不同的目的和听众使用的替换词的范例。有些儿童入学时已经具备不可估量的语言能力，与他们谈话时，可以很快地得到反应；其他的孩子则需要较长的时间练习和努力，学习用语言表达自己的意思，探索他们对语言及与语言相关知识的理解。金曼的英语教学调查报告集中反映了这一观点：儿童必须学习运用各种词汇而不仅仅是名词，必须能提出并理解指令，运用不同的时态、复杂句、因果句型以及理解他人的话。

用适当的语调和重音与儿童一起阅读，可以帮助他们理解文字的含义（Dombey，1983），这种愉快的分享阅读经验令人难忘。对故事的反复阅读，与游戏学习的螺旋结构非常吻合，它使得文字的意义在一次次的探索中逐渐丰富起来。儿童在故事中，从一般谈话（语言互动）向对课文的交谈（阅读）转化，进而巧妙自如地结合先前学会的声音、语调、重音、感叹等技能。众所周知，儿童阅读书籍时，往往完全参照教师的阅读习惯。为此，应该为儿童提供与教师一起做游戏，及与同龄人共同欣赏故事和诗词的机会。正如布瑞尔利（Brierley，1987：52）所指出的："通过解释、精选和简单的叙述，知识逐渐在思想中扎根，语言不再是短暂的拥有，而是恒久的掌握。"

在文学能力发展与语言学习阶段，写作也具有同样重要的核心价值。过去，人们认为写作技巧总是比阅读技巧落后几个月，但是，最近的研究（Hall，1987）以及全国写作计划报告大会指出：这种观念，实际上延误了写作练习机会对儿童的影响，甚至耽误了写作能力的发展。有目的的阅读能力的培养和写作能力的培养应该同时进行。前文关于角色游戏的探讨中提到，角色游戏是诱发儿童写作动机，并达到真实写作目的的重要游戏情境。例如，设置在教室里的咖啡店，具备咖啡店游戏情境中需要的所有用具，包括菜单，这就激发了儿童的书写，而且，令人吃惊的是儿童写得确实很详细（当然，这并不重要）。班级或学校的报纸或新闻簿，尤其是电脑处理文字稿件的过程，如设置标题版和编页码，都能激发儿童甚至是最小的孩子试着去写一些文字，更重要的是，让孩子们了解编稿与改稿直至最后定稿的过程。

结语

正如游戏学习螺旋图所示，语言探索、语言游戏，以及运用语言开展的游戏都是非常重要的。事实上，如果成人参与游戏，并且为儿童们提供示范，儿童就可能学到一些额外的语言知识。有一位实习生，保存了她的一份极完整的教学实习日志，里面附有照片及儿童绘画和写作活动的记录，日志里提到：某天，她吃惊地发现有个孩子在专心地"阅读"她的教师用书。事实上，她做得很对。当她自己认真阅读书本时，她为儿童们提供了热爱阅读的成人榜样，这就事实上给了儿童一种行为示范。另外，课堂的作息表也是文字世界的一个组成部分，应该让孩子们了解具体的时间安排。

对教师而言，若能为孩子们提供一个相互交谈，或是与一个善于合作、善于倾听的成人交谈的机会，那么探究语言的游戏是很容易发生的。在这种情况下，儿童会从游戏情境中总结已有的经验，回顾这些已经结构化的语言和内容。指导性的语言游戏，多半发生在儿童谈论他们对活动的看法，以及从活动中学到什么东西的时候。这个时候教师可以组织语言活动，以促进儿童思想的发展与词汇的扩展，甚至可能引发儿童谈论关于语言的知识。接下来，第二回合的自由游戏则是让孩子表现出先前学会的技能，在这个阶段，儿童能提出自己对所需要的材料与设备的意见。这将帮助儿童把原先在语言学习中获得的知识和在语言学习的过程中所学到的丰富、练习、复述与修正等能力整合起来。

本章没有深入分析儿童如何学习阅读、写作或交流，而是着重强调了游戏作为交流与分享意义的途径，在对语言的重视和运用方面的价值。语言在儿童学习解决问题与逻辑思考的过程中也有重要作用，我们将在下一章对此进行讨论。

第四章 游戏与问题解决

游戏情境

1. 一个 6 岁的儿童，正在努力尝试用黏土建造他想象中的教堂，这个灵感来自于最近到学校附近参观时的印象。他已经解决了客观条件的问题：他将黏土分成小块解决了砖的问题，并且将其一层层地叠加上去，以达到他的目的。但是，当教堂的构造越来越高时，原本垂直的高处潮湿的黏土角落开始向内倾斜。他努力想出好几种办法来保持这个角落的平衡，包括用手推黏土墙的内侧、请另一个孩子帮忙支撑、用一个长条木板做支柱等。他脑中突然闪现一个念头，用之前打开的整包黏土中，不曾被切成备用"砖块"的大块黏土片来代替这面高墙。完成这面墙后，继续用同样的大黏土片建造其他墙角，直到下一个意外发生。

2. 两个 4 岁的孩子在一起做一个火箭模型，他们把很多盒子逐个粘接起来。这样的模型很不稳固，只有当一个孩子往上继续加盒子，而另一个孩子扶着这些盒子时，这个模型才能垂直站立。他们又用胶带粘，这是最近介绍粘贴方法时学会的。这时，成人问他们："你们的火箭能自己站立吗？"孩子们放手后，火箭就倒下来了。成人又问，如何确保火箭下一次不再倒呢？大部分孩子的回答是用胶带。但是这个办法也不能奏效。这时，成人引入火箭发射台的概念，并且向孩子们展示了火箭发射的图片。孩子们在一起讨论后，又找了一些盒子和胶带，做了一座发射台，用来支撑倾斜的火箭。

生活总是不停地给我们制造麻烦，如果是"付账"之类的问题那还好办。从某个角度而言，生活对儿童提出的问题较少，因为总有成人会帮他们想办法。这在某种意义上，让儿童认为没有必要自己去解决问题。然而，在他们的游戏中，至少在以上两个游戏情境中，人们可以看到儿童对问题及其解决方法的思考。第一个游戏情境是儿童根据自己的需要寻找可能解决问题的办法；第二个游戏情境则是由大人指出他们的问题所在。众所周知，儿童们对问题的自然反应就是需求帮助，帮孩子系过无数次鞋带的人就可以证明这一点。那些担负照顾幼儿的责任的人，都有一个自然普遍的反应——帮孩子解决问题！

众多研究证明：借助各式各样的游戏材料开展的各类游戏，与儿童的抽象思维和发散性思维的发展有密切联系，反之，这两种思维能力的发展促进了儿童问题解决能力的提高（Pellegrini，1985）。贝伯乐（Pepler，1982）指出，游戏、问题解决与发散性思维，因以下三点而相互关联：

- 深入探索为儿童提供了解有关物体的基本信息；
- 游戏天然的试验性和灵活性（Bruner，1972）；
- 抽象物体游戏，可以促进孩子从具体思维到抽象思维的发展（Vygotsky，1977：76）。

这与游戏学习螺旋模式的观点是一致的，尼贝曼（Lieberman，1977）和丹斯基（Dansky，1980）也进一步论证了这一点，尼贝曼将教师所说的"顽皮"归因于儿童的发散性思维；丹斯基则指出，幻想、表演游戏使儿童对材料进行选择的能力有了提高，这种情况仅发生在自由游戏中，而不是控制型的游戏中。史密斯和西蒙（Smith and Simon，1984：213）认为，从上述的结论中可以得出如下推断：各种不同的任务证明，游戏环境要比非游戏环境更具优越性。但是，他们也指出，由于游戏结构自身具有不可捉摸性，再加上人们常常忽视游戏的影响力，因而，要用研究证实这一推论是困难的。

尽管如此，范登堡（Vandenberg，1986：117）依然坚持认为儿童的游戏是潜在的宝贵的自然资源，它可以促进个体创造性的发展，成为人类生活必需的技术创新的源泉。他认为，从儿童游戏中可以探查人类社会未来的需求，当然，这种需求只是我们的推测，有较大的适应性和灵活性。

前不久，我和一群 5 岁的儿童一起，进行一项解决高度与稳定的问题的任务。我发现，早期为儿童提供的题材多样的游戏，能显著提高儿童搭建高建筑物的能力。六周后，儿童想出的各种解决问题的办法是他们之前根本不可能想到的。更重要的是，每个孩子都能够有一些自己的想法，有些是独立得到的答案，而不是小组讨论的结果。伯恩斯（Burns，1987）还发现：与儿童同进行问题解决活动的教师往往能够在这一过程中获得新方法，从而能够重新在整体上认识儿童的智力和能力问题。但是儿童的确很少有机会能在教室里拓展自己的能力。事实上，儿童不仅能够解决问题，而且应该在教学中居于主体地位，在班级里受到重视，使其潜能得以充分的发挥。

即便是年幼的孩子也能够很清楚的提出许多"为什么"的问题，这就表示：只需一点点鼓励和帮助，孩子们就能够凭借自身的经验去寻找答案。这就再一次涉及我们前一章中关于"保育班与幼儿园里谁提问最多"的内容，这也强调了，早期幼儿教育的诸要素与我们用以思考、推理和交流的语言二者之间的关系。这里有一个有趣的例子，突出反映了儿童与教师之间偶然产生的沟通障碍。三个 5 岁的孩子想用废弃物给泰迪熊造一座房子，他们按流行的样式，建造了一座只有墙壁的房子，还很得意地让泰迪熊坐在里边，然后邀请老师来参观他们的房子。老师说："这个房子看起来很有趣，但是假如下雨的话，泰迪熊怎么办呢？"孩子们有些困惑了，接着，有个孩子说："教室里是不会下雨的，莫老师。"在儿童建造泰迪熊屋的任务中，成人的脑海里很清楚地浮现房子应该有的墙壁与屋顶的结构，而儿童脑海中则有明显不同的需求。

儿童的很多特性表明，他们是有天生的解决问题的能力，正如同柯蒂斯（Curtis，1986：94）所说："问题的解决需要一个善于发问的脑子和天生的好奇心的驱使，从这个角度看，儿童是天生的问题解决者。"但是，除了解决问题的能力之外，儿童首先需要了解自己的处境。布朗及康皮恩（Brown and Campione，1978）对元认知进行研究，结果表明，与年龄较大的儿童及成人不同，幼儿很少提前知道他们做一项工作需要了解哪些知识。事实上，这意味着在学校里，教室应该是一个充满了需要解决的问题的地方，这些问题由小到大，并且提供某种稳定的组织结构，以便让儿童能够深入探索物体、环境及发生的事件。实际上，这些事每天都在教室里上演：在这里儿童学到椅子有四条腿都放在平台上才能平衡，最大的书只有放在最下边，才能保持书架的平衡；当你只有八分钱时，你只有放弃你最喜欢的薯条，选择另外一种东西作为你的午餐。或许教室里的成人并没有对空间、孩子和里面存在的问题做过多地考虑。虽然有时也想努力地做一些改变，例如，在远离教室的大门口避开人群进出的地方设置一个"安静角"，但是我们能有几次和儿童一起讨论对一些问题达成共识的机会呢？

HMI 的文件《初级学校：好的实践的要素》［*Primary Schools：Some Aspects of Good Practice*（DES，1987a）］中描述了一个很好的活动案例：某校 7 岁儿童的班级中，教师让儿童从三个不同的地方中选出他们最想去的一个，在回答了"我们要去那里是因为我想要去"之后，老师细心地引导，确保儿童可以能列出他们关于这次参观的想法。在充满和谐友好气氛的小组中，孩子们说出了自己的需要，例如，要有厕所、车程不要太远、热的时候要能避阳、有做游戏的空间和一个干净的吃饭场所。这是全班参与的讨论，老师担任记录员，并且用一张很大的纸，将收集到的所有需求条件列入表格内。老师引入"矩阵"的概念，在午餐期间，准备了一些空白的表格纸。下午一开始，儿童就开始探讨他们能干些什么。他们努力提出了许多设想，讨论、自由游戏和指导性活动。最后决定去当地的一个林木风景区，然后走一小段路到附近的公园，这样做可以满足所有孩子的要求，让每个人都能快乐地度过这一天。决定后，孩子们接下来去订汽车，和校长商谈保险的事宜，给他们的家长写信，并且逐渐取得主动权：儿童明显地从这个活动中学到很多东西，老师也一样，她承认从未想到有这样好的学习效果。

显然，为儿童提供的任何教育经验，不能超过他们的能力负担，而是应当让幼儿了解这些经验的意义，记住这些经验的要点（Case，1982；Chazan *et al.*，1987：113）。同时每次呈现的信息数量不能太多，这时候最需要老师的技巧。哈夫德（Halford，1980）的建议是：5～11 岁的儿童每次只能接收和处理四组信息，如上述的校外之旅的案例，而且必须提供大量的练习和复习的机会。在任何情况下，教师都应把儿童的注意力通过讨论引导到基本的学习上来。同样，在上文中的第一个游戏情境中，儿童不知道如何使用黏土，直到后来加入整片的黏土版，考虑到重量，或是黏土干了之后他们可以移动等因素，这些都将成为他下一步学习的经验。

尼斯贝和夏克·史密斯（Nisbet and Shucksmith，1986）认为，人们对"学会如何学习"关注不够。他们认为，学习者并不理解他们正在参与的学习和决策的过程；而了解这一点对学习的效率与成果是极为重要的。德斯福吉斯和考科本（Desforges and Cockburn，1988：103）的数学教学与学习研究，也证明了这一点。他们发现儿童无法充分理解学习的过程，也看不出自己所进行的数学活动与"成人世界，或是学校之外自己的世界"有任何关系。寻找这一问题的解决方案，激发儿童的数学理解需要，这正是我们所要研究的问题。对此，休斯（Hughes，1986：169）指出：

为了解决实际生活中的数学问题，我们不仅要有运用公式的能力，还要有针对同样的问题在这些公式与具体的表述之间进行熟练转换的能力。

　　达夫恩（Duffin，1987：88）在她的成人教育课程中，与学生一起讨论独木舟问题的解决方案，其结果验证了上文的观点。该试验中的问题情境是：两个男人和两个男孩要过河，但是独木舟最多只能载一个男人或是两个男孩，他们如何才能过河？大家都一致认为最好的解决办法是数学和图示相结合。休斯（Hughes，1986）指出，老师首先必须让儿童了解转化数学公式的合理性与目的性，并明白这样做的意义。HMI在《初级学校教育调查》（DES，1982）中，提出如下建议：

　　在学校教室，当游戏价值被低估时，儿童游戏中的数学潜质将得不到发展。（para. 2.75）
　　很少学校能够充分利用儿童游戏中产生的发展和延伸数学理解力的机会。（para. 4.9）

　　他们还指出很少儿童"有充分的机会学会运用他们所学到的技能去解决问题"（para. 4.9）。班尼特等人（Bennett *et al.*，1984）、雪德（Shuard，1984），以及近来的德斯福吉斯和考科本（Desforges and Cockburn，1988）、缇扎德等人（Tizard *et al.*，1988）的研究发现：大多数学校还是处于这种状态并且存在教师过分依赖商业性的教学指导书的现象，这种情况导致教师错过许多培养孩子问题解决能力的机会。显然，当纸笔练习泛滥时，游戏就容易受到贬低和忽略，儿童自发的问题解决技巧与机会也将受限甚至消失。其实这种机会每天都有，但只有老师能看到这种机会并思考如何运用它们。例如，在下列情形中，如果能够和儿童讨论，那么情况就会不同。

　　1. 大部分教师都坚持要求孩子坐好等待老师点名，而多数儿童认为这件事很乏味也很不便。这样的情形，需要如何改善？

2. 材料的组织。儿童能找到他们所需要的一切材料吗？他们做这件事时，遇到的问题和障碍是什么？这些问题如何解决？

3. 错误的行为，尤其是在操场上。原因是什么以及如何解决这个问题？

4. 偶尔，我们需要把大件的东西放进很小的空间里，例如体育设备。为什么要这样做以及如何做才能更好？

5. 地板上的沙和水，给成人和儿童带来很多不便。导致这一麻烦的原因何在？如何解决这个问题？

6. 教室里有些物品应该妥善安置在儿童可触及的范围之外——当然，这里指的不是那些不安全的物品，而只是矮架上放不下的那些。这该如何处理呢？

7. 一群儿童一直占据着结构性玩具和家庭角，这是什么原因？他们有何需求？如何满足他们的需求？其他孩子也想玩玩具或是扮演角色，这该怎么办？

8. 因为某些原因，孩子将钱带到学校，这会带来很多的问题，例如，钱丢了，数目不对了，谁带的钱，等等。

9. 儿童的排队。为什么是这样的队形？是什么原因？有什么可以解决的办法？

10. 游戏与拼图。我们怎样才能保证所有的图片都放回盒子里？如果没有的话，会有什么后果？是什么原因造成小块拼图不见了，有何影响？

11. 强盗和土匪一直是孩子们最喜欢的话题，尤其是一年级及大班的孩子。他们能解释这些团伙是如何形成的吗？这些团伙有必要存在吗？其他人如何对付他们？

12. 可以让年长的孩子为年幼的孩子写一些故事。故事中什么最吸引年幼的孩子？故事的主角和内容是什么？我们如何发现这些？故事如何呈现？年幼的孩子可以做什么？

类似的例子不胜枚举。作为成人，有时我们会忘记简单中的快

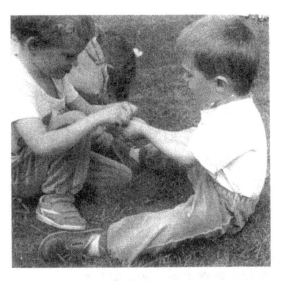

图片 7　有时，作为成人，我们忘记了简单中的快乐！

乐。我们忽视了一些事情，虽然这对我们来说是平常的小事，但是
对儿童来说，却是惊人的发现或令人激动的事。但是和孩子相处的
艺术，其中一部分就是要有孩子的想法，有颗赤诚之心，至少要从
孩子的角度来看问题。一旦成人有这种意识，就可以开始看到问题
解决活动的发展与潜能。孩子们通过在小组或班级的讨论，开始变
得有自己的个性，明白活动的目的，并且找到了表达自己想法的舞
台。韦尔斯（Wells，1985b：39）指出：儿童必须使自己的思想脱
离当时的活动环境，通过语言这一媒介思考真实和假想的经验。这
样的思考任务对某些孩子而言是存在困难的，教师可以通过"告诉
我一件你想要知道的事"和"再告诉我一件事"这样的引导，帮助
儿童找到展开思考的起点。问题的解决与儿童态度的发展也有关
系，尤其是"我不知道为什么，但是我想去找出原因"的态度！

　　应该肯定，并非只有实践性的问题需要答案。儿童经常面对一
些按道德标准两难的问题：妈妈已经说过不可以出门，但是我的好
朋友在外面，我想出去和她一起玩；老师说，我必须把写作作业做
完，可是我很想到新鲜干净的水里玩；我找不到我的午餐费用，老

师会生气的，我是不是要说妈妈忘记给我了？成人经常不断无意地给儿童制造这样的两难处境，当儿童找到自己独特的解决办法时并不对儿童表示支持。我们不应该总是低估儿童的逻辑思考能力，或是对儿童用新奇的有时是我们想不到的方式解决问题感到吃惊。丹斯基和斯尔瓦曼（Dansky and Silverman，1977：656）提醒我们：我们知道"怪诞"是产生于儿童的创造性反应中的，这有助于儿童的发散性思维，但是我们不能简单地把儿童的想法视为"怪异的想法"，它们也是由特定事件和情境的联系产生的。英格拉姆（Ingram，1988：84）指出："虽然道德学习是在类似社会的学校生活中潜移默化得来的，但是仍旧得安排时间进行专门的社会道德教育"，同时，教师应该"设计一个课堂学习的模式，建立一种融洽的人际关系，以利于德育工作的顺利进行"。

不要认为和儿童在一起，你就可以"教"他们解决问题（尽管你可以帮助他们想办法），问题解决必须由学习者自己去习得，因为每一个问题，对问题解决者而言，都有独特的解决方式（Bono，1972：11）。韦尔斯（Wells，1988：122）提出相同的见解：问题解决依赖于"儿童已习得的认知策略，以及早已建构起来的对这个世界内在结构的独特认识"。汉斯（Hans，1981：12）极力强调，游戏经验提供给儿童的是：

游戏是一个用来证实或否定我们与世界关系的实验过程，人类在与世界互动过程中的所有经验，都需要经过游戏的证实与否定……其中可能包含许多阶段，每个阶段都有某些问题需要了解和解决，而游戏，是了解和解决这些问题的唯一途径。

为儿童提供有目的的、可探索的及自由的游戏设施，可以促进儿童积极地学习，通过这些游戏，儿童将发展初步的理解力与解决问题的能力。例如：

1. 区别、确认并理解材料的属性，理解那些静止的/运动的事物的本质、功能及特征，无论是对它熟悉与否。

2．发掘与分辨相似或不相似，类似与不同的元素与特征，并对其进行配对、整理与分类。

3．小组讨论探究结果，与其他儿童共同学习，并与成人分享。

4．以不同的方式对事物进行使用和描述。

5．用不同的形式与结构描述事物，观察预测事物的转化与变更。

6．将事物进行整合与分解。

7．在所拥有的空间内，整理与再整理材料，体验规则与秩序。

8．了解自己的能力喜欢和不喜欢的东西。

9．当事情没有如愿时，要学会如何对待挫折，例如砖塔倒了，要学会简单的因果关系分析。

10．认识到要达到或完成一个预想的任务或成果是需要时间的。

皮亚杰（Piaget，1926）、贝赖勒（Berlyne，1965）、维斯勒和麦考（Weisler and McCall，1976）、哈特（Hutt，1982）等人以大量的研究证明：探索性游戏对随后的问题解决活动是非常有帮助的。他们指出："细节的探索"就是了解材料是什么并且知道它能用来干什么，"多元化的探索"事实上是引导儿童思考他们自己可以利用材料做些什么。儿童如果倾向于多样化的探索（Pepler，Rubin，1982）的话，则会更倾向于进行试误学习，与此相关的内容前文已经谈到过。萨顿·史密斯（Sutton-Smith，1986：143）将探索定义为：个体发现某一事物形态与功能，而游戏则是个体利用它去实现自己所要完成的事。

引导性游戏可以创造一个机会将游戏中的探索过程直接引向学习目标。希尔瓦（Sylva，1977）等人指出，这种探索是问题解决的先决条件。因而，教师应当先指导孩子们进行仔细的观察，并思考自己如何探索，进而达到能分辨和分析面对的问题。当然，如果儿童能自主的开始这一切就更好了。但是，我们前面已提到过，对幼儿而言，由于受到发展水平的制约，往往无法顺利找到问题，虽然儿童的本性总是力图独立解决这些问题。第二轮的自由游戏为儿童提供了在已有经验的启发下，探索、整理并解决自己的问题的机会，并进一步引导他们探究后来的事物与材料。从儿童解决问题的方式看，在进行能力的重组和提高前，需要先有探索（见第二章）。在同伴之间、成人与儿童之间针对如何解决问题、有哪些可能的解决办法进行互动的过程中，"实践"和"改进"占有重要的地位。然而，布朗斯维特和罗杰斯（Branthwaite and Rogers，1985：i）提醒我们：

> 尽管年长的人是有合作精神的，并且经常是尽力帮助别人。但是我们应该知道，儿童必须通过自己的观察、试验与磨炼，才能掌握这些技能。

为了解决问题，我们还需要记清先前发生的事件、行为与反应。

幼儿教育工作者可以尝试进行以下试验：根据儿童的性别、年龄和能力，将他们大致分成两组，让其中一组通过探索了解棍子（或吸管）的性质，偶尔为他们提供一些胶水；另外一组则是进行完全不同的工作。一段时间后，要求两组儿童利用棍子（或吸管）和胶水制作一些东西，例如，给玩具柜里的玩具娃娃做一张床。不难发现，做过探索游戏的那一组不仅能够用丰富的材料完成工作，同时更有工作热情，而且其工作持续的时间也更长。

前文提到，对儿童而言，建立要解决问题的观念是很简单的。我的工作经验也证实了这一点。在早期阶段，教师需要做的是清楚表明对儿童的期望，并且为他们提供既有激励性又有兴趣性的建议。教师们也需要知道游戏材料的性能，因为有时候这些性能可能对儿童的活动造成困难。例如，如果儿童想要用乐高盖一座高楼，需要能给他们一些灵感的指导，诸如如何将砖块连接起来。这是因为在没有任何指导的情况下，大部分 7 岁以下的儿童无法自己发现诀窍，而且会因为缺乏指导而表现得非常沮丧。戴维斯（Davis，1985）关于问题解决的研究也发现：幼儿园的经验能够增强儿童日后的反思性的问题解决能力。但是，同时也发现，这种早期游戏经验缺乏带来的"不利"延续到幼儿末期和低年级阶段并不具有统计学上的显著差异。

在学校发生的一些有趣的问题可以在班上进行讨论，例如，一个 6 岁儿童的班级中，孩子总是抱怨淡紫色的蜡笔在他们的图片上却总画出深色的条纹。教师让孩子们自己找出问题的原因和解决办法。这样一个问题，引发了以下的答案：

因为安姆吉特（Amjeet）咬过它！
因为它们掉在地上了！
因为和黑色混在一起了！

任何可能的解决方式都一一试验过，例如，将蜡笔洗一洗（最后孩子们认为这样做太辛苦了）；使用宽一些的器皿放置蜡笔（才不会因为放得太紧总是掉在地上）；用有颜色的胶带贴在蜡笔末端以防止孩子咬它。最后，儿童们找到主要的原因是所有的蜡笔都混放在一个大盒子里。于是，决定将新的蜡笔按照不同的颜色分别放在不同的盒子里，再看结果有什么不同，结果真的不同了。

本章所描述的大部分教室的案例中，没有一个是完全任凭孩子们自己去寻找并解决他们的问题的。老师或是成人发挥了如下的重要作用：

- 监督活动的进行
- 提出活动或是材料方面的建议
- 允许尝试错误的发生（即使老师早就知道会有这样的结果发生）
- 提供新的材料、信息或学习需要的事物（例如在矩阵的活动中）

- 不间断地激发孩子的兴趣与动机
- 适当地倾听与回应孩子们的解释
- 期盼孩子的成功（哪怕是成功的发现某些办法是不可取的）
- 保证所有孩子（不论其能力水平如何）都能参与到活动中来
- 给予必要的反馈、赞扬与鼓励
- 提供适当的环境条件让孩子能够自主
- 保持幽默感，保持活动在儿童与自己之间的平衡

对幼儿教育工作者来说，这是帮助儿童解决问题的技巧。一些研究中概括的高效率教师的特点与上述特征存在一致性，这些研究包括加纳（Gagne，1970）、依文特森和布罗菲（Evertson and Brophy，1974）、柯南道尔（Doyle，1983）以及莫伊蕾斯（Moyles，1988）的研究。依文特森和布罗菲（1974：39）甚至直接指出：最有成效的教师，是那些能为自己和学生提供问题解决技巧的人。

毫无疑问，如果教师与成人能为儿童提供适当的有挑战的游戏情境，将可以确保促进儿童的学习（Sylva，1977）和潜在学习能力的发展（Jowett and Sylva，1986），发展儿童的高水平的积极思考策略。在 HIM 报告的《母校校调查》中指出：

有时，游戏是教师开展进一步的指导工作的基础，它以儿童目前的兴趣为基础……去延伸他们学习的范围。（para. 3. 11）

在学校情境中，大部分的儿童要想达到"较高的行为表现水平，需要进行广泛的实践"（同上，para. 3. 11）。问题解决情境也需要儿童集中注意力，以便记住重要的信息，进而才能选择合适的解决策略。如布瑞尔利（Brierley，1987：92）所指出的："儿童只记得那些他们特别关注的事。那些被他们忽略的事不会在他的脑海中留下任何痕迹。"显然，记得越多则学得越好。维果斯基（Vygotsky）的至理名言，在这里很值得一提："从本质上说，儿童是

通过游戏取得进步的。同时，可以说游戏是'是引导儿童发展的决定因素'。"（Vygotsky，1932：552）

长期以来，游戏（如棋赛）给参与者提供了极大的挑战，以致有些学者认为，竞赛是游戏的核心。严格说来，竞赛就是一种规则游戏（Piaget，1951），是游戏的主要形式，并且会持续到成年期。问题也可以通过竞赛的形式呈现给儿童。休斯（Hughes，1986）认为：在数学中，游戏是对目的明确、表述清楚的问题的解答。策略性与冒险性的游戏竞赛大量存在于电脑世界中，我知道7岁的儿童，可以一连几个小时坐在电脑前，去寻找"祖母的花园"里失踪的孩子。日益泛滥的网络游戏和电玩游戏隐藏着一个潜在的危机：它剥夺了儿童发展的一个重要机会，即，和其他孩子一起游戏、交流的机会，而且事实已经证明，这种机会是发展儿童的问题解决与探讨能力的主要因素。萨顿·史密斯（Sutton-Smith，1986：63）也指出：电玩游戏完全是个人游戏，而不是个体之间交流和竞争的游戏，其中的游戏策略只是个体尝试打败机器。西蒙（Simon，1985）则认为，电脑，尤其是其中的游戏，为儿童提供了虚幻世界，成为儿童用以丰富其周围环境的一种工具。

幼儿对问题的成功解决并不是一蹴而就的。大人应该改变自己的管理方式，给儿童各种各样的活动和讨论以启发思考。考科克洛夫特（Cockcroft）的报告中指出："问题解决能力的核心因素在于数学。"笔者认为，"数学"这个词可以换成语言、科学、体育、舞蹈、戏剧、工艺，当然还有"游戏"，它更为适合。问题解决把智能思考与实际运用、基础技能与高级技能、教与学、指导与选择联系在一起，而更为重要的是，把游戏与工作联系在一起。因为儿童有将现实和幻想进行转换的能力，他们往往能找到突破常规和有创意的解决办法。此外，在另一种意义上他们也具有创新能力，即艺术创造力，这将是下一章的核心内容。

第五章 游戏与创造力

游戏情境

1. 娃娃家里的一面镜子吸引了一名 4 岁儿童的注意。她站在镜子面前转动脑袋，右转，左转，然后开始转动身体，转圈圈，坐下，站起来，甚至尝试倒立。整个过程中，她都一直盯着镜子。然后，她走近镜子，对里边的影子说："你今天好吗？"那个影子对她微笑，接着咯咯地笑着，并且想和她握手。孩子离开镜子，从衣架上选了一堆帽子，再次坐到镜子面前。她拿起帽子一边试戴一边与镜子里的孩子说话，直到最后终于挑了一个最满意的。其他的帽子散落在地板上，她戴着帽子对着镜子里也戴着帽子的那个漂亮孩子说话，说了大约三分钟，聊到天气、送孩子上学、参加一个婚礼等，然后向镜子挥手告别。这个女孩继续戴着这顶帽子，走到一张有蜡笔和纸的桌子前，画了一家人，其中每个人都带了一顶不同的帽子，并且笑得很开心！

2. 一个 5 岁的女孩刚刚完成一幅小鸡的图画。由于最近教室里养了一些小鸡，教师建议孩子找机会画下来。从中可以看到她对形状、对称性、比例，甚至颜色的掌握都恰到好处。女孩后退一步，有些困惑，将水笔搁在颜料罐中，然后又走过去仔细地看小鸡。她跪在地上，盯着笼中的小鸡看了一两分钟后，回到画桌前。接着非常慎重地拿出一支很粗的水彩笔，蘸满蓝色的颜料，慢慢移到纸上，看起来是要为画中的小鸡加眼睛。在移动画笔的过程中，颜料滴到了纸的边沿，女孩看到了，又故意来回移动水彩笔，让更多的蓝色颜料滴在纸上，这些蓝色的小点点引起了女孩的兴趣，她完全忘记了要画小鸡，开始用不同的颜色，小心地在图画纸的四周点缀出彩色的边。正当女孩取出第六或第七种颜色准备进行最后的修饰时，一位成年人走过来说："宝贝，不要把你的小鸡弄脏了！我帮你把名字写上去，拿到架子上晾干，以免弄脏了。"

图片8 正在画小鸡的孩子。

　　为了确保各章内容清晰，语言、问题解决和创造力在本书中分章进行论述。但这不表示它们之间没有关联，本章将再次强调前两章中提到的重点，同时加入一些新的观点。然而，"创造力"这个词和"游戏"一样很难进行定义。根据马佐罗和劳埃德（Marzollo and Lloyd，1972：162）的观点："创造是一种态度，是年幼儿童天赋的本能，但是要小心的维护和加强，否则在我们这种过分重视逻辑的社会中很快就被牺牲了。"上述的第一个例子就可以支持这个论点，稍后再详细分析。克拉克斯顿（Claxton，1984：124）也指出：创造不是一种性格，而是一个发生在特定状态下的过程，是一种轻松的，但敏感的状态。

在研究创造力和问题解决之间的关系时，许多研究都以幼儿为对象，因为幼儿的思维方式兼具发散性与逻辑性。吉尔福德（Guilford，1957：112）指出：从发散性思维中我们很容易看到创造力的痕迹。的确，发散性思维与创造力之间的关系是密不可分的，但是两者还是有所区别。如上一章所述，问题解决实际上是一种目标导向的思考过程，试图找到某种方案或解决办法——不管它们本质上是具体的还是抽象的——因此，问题解决是高度认知导向的。创造力同样蕴含在认知领域中，但是和问题解决不同的是，创造力与情感层面有很大的关系，而且和个人对情感的理解和表达、观点和想法有关，也就是说，与其说创造性是一个结果不如说它是一个过程更为准确，对幼儿而言，尤其是这样。布瑞尔利（Brierley，1987：67）指出：创造力是指当我们面对感官经验时产生的情绪和智力的反应能力。广义地说，创造力与艺术息息相关。这样的说法不仅不会造成定义的混淆，相反，我们更能从中发现创造力与儿童的游戏和学习之间的关系。

如果我们肯定有效地表现自我是教育过程中的一种正向成果，那么就不能否认创造性活动是幼儿表现自我的最佳途径。在很多不同的游戏情境下，幼儿都可以成为创造者，就如前面游戏情境中的孩子。幼儿对思想和意象进行创造与再创造的能力，帮助他们表达自己对现实的看法。我们可以从儿童的对话、绘画与涂鸦、工艺作品、设计、音乐、舞蹈、游戏情境与游戏中，看到他们的这种表现。我们每个人都可以在脑中创造性的勾勒出刚接受到的信息，然后用不同的形式和媒介表达出来，例如文字、绘画、黏土或是其他的东西。虽然，4岁儿童的表现活动，最初往往直接反映他们对现实的了解和印象，但在一两年之后，幼儿会因为抽象理解能力的增强而产生更丰富的想象力与创意。米克（Meek，1985：41）强调，创造力与想象力植根于儿童的游戏中，因此创造力是所有孩子的天性，而不仅仅是少数几位天才儿童的专利。她还特别强调创造力和想象力是教育事业的真正基础。

创造力是与艺术、语言、表现与象征能力的发展息息相关的。表征游戏是与儿童计划能力发展中的"命令"和"协助"相关的，它最终促成规则游戏的萌芽（Piaget，1950）。科里和福斯特（Currie and Foster，1975：8）尤为强调表征游戏的重要性：

儿童通过游戏与艺术活动，试探和表达真实具体的世界。在这些表现中，儿童过去的经验反复出现。通过这种方法，我们可以将外部的现实世界与我们内心已有的经验和知识、思维的组织和理解能力联系起来。我们可以将新的经验与旧的经验联系起来，这样我们的思维就会因为添加了新的知识，得到扩展。

前面的游戏情境就是很好的证明，它真实地展现出教室里可能发生的情况，这也解释了为什么我们要花一整章的篇幅来讨论创造力的表现，并且一再强调它的重要性，提醒成人需要仔细思考、深入了解与幼儿创造力相关的问题。

"创造"一词常常在学校中被提及，甚至成为一个比较常用的术语。"创意写作"与"创造性的舞蹈"也是一样，常被人们提到，但是由于其含意太宽泛，因而看不出其真正的内涵。举例来说，创意写作包括各种写作形式，不仅包括"到外婆家喝茶"的纯功能性的写作，"做一个试验"的处理性写作，还包括"乔安妮（Joanne）上学路上看到一个黑色大蜘蛛"这样的有诗意的写作。创造性的舞蹈也是一样，涵盖各种形式，包括配合音乐指导幼儿肢体的律动，以不同的舞步来配合乡村音乐和民俗音乐等。如果我们能更清楚地说明何谓创造力，将对理清概念更有帮助。

此外，正如我们需要游戏一样，我们也需要用某些事物或经验来展示和表达创意。有些人用实际的事物来表达（例如，室内设计、插花、园艺、一流厨艺、裁缝），有些人则以绘画、写诗、素描为途径。在上面的第二个游戏情境中，幼儿就是利用绘画作为表达的手段。而很多成人终日做着白日梦，幻想假期如何过、和朋友之间的关系如何发展、中大奖、退休等，这和幼儿的幻想实质上是一样的。第一个游戏情境则是幼儿想象和天马行空的过程，并且偶然延伸为以纸作画来记录其过程的活动。

我们可以这样说，游戏绝对可以发展创造力，因为不管是哪一层次的游戏，都能提供儿童凭借技能表达创意的机会。前文已提到，解决问题的能力与协调操作的能力对于肢体语言和其他形式的表达非常重要。除此之外，相关的文献也都指出创造力与下列能力的发展有关。

- 表达能力
- 空间关系
- 形状、形式和线条
- 平衡
- 色彩
- 式样
- 质地
- 辨别能力
- 感知力
- 理解力
- 试验
- 视知觉

- 运动知觉
- 感官愉悦
- 交流
- 选择
- 公共的与独有的意义
- 具体和抽象思想
- 适应性
- 灵敏度
- 计划的能力
- 目的
- 观众（听众）感

最重要的是，培养创造力还需要让儿童有交谈和解释的机会，这就是它和语言之间的关系（语言与表演游戏、文学和诗词的关系在第三章中已讨论过）。埃尔米（Almy，1977：207～208）指出，教师可以通过让儿童自由探索材料的方式，了解儿童发现的世界，并鼓励儿童使用语言。只要儿童原先有过某种表达经验，要使用语言进行表达是不成问题的。柯蒂斯（Curtis，1986：62）对此表示赞同，他指出，语言的充分发展依赖于儿童表述自身经验时的大量练习。

然而，必须承认，艺术本身就是一种不需要语言的沟通方式，只要我们看过哑剧表演和一幅令人窒息的绘画作品，就会相信这一点。儿童和成人如果在使用语言沟通方面存在某些困难，可以换另一种表达方式，这样会获得一些安慰与自尊。很多不会画画的人会发现自己具有优美的肢体表达能力，有些肢体动作笨拙的人则发现自己在音乐和韵律方面颇具灵感，在戏剧中扮演一定的角色，或排演木偶剧，都可以实现与他人的语言或非语言的交流。

因此，艺术形式，和不同的游戏形式一样，为儿童和成人提供了创造性地表达自己的想法和欣赏别人艺术才能的机会。可惜，成人并非一直都理解儿童的努力，正如第二个游戏情境中发生的事，很多成年人都受到"适合的表达"这种想法的限制，例如，图画就一定要和现实中的物体有某种相似性。我们都了解艺术，也创造艺术，大部分的人都清楚自己喜欢什么，由于每个人的个性、经历、知识、能力或与人沟通的能力不同，因而喜好也不一样。儿童也是一样，他们以自己的眼光看世界，以自己某一发展阶段的能力来表达自己。美丽到处都在，只要我们放手去拥抱。艺术遇到的问题就是价值观的阻挠，因为我们是在不同的文化背景下受教育的。德波罗（DeBono，1972：8）认为从艺术的角度来看，这并不是一件好事，他指出：

一直以来，每一位有创意的人都希望自己拥有孩童般的世界，在这样的世界里，他可以自由的表达自己的想法，从外界强加在自己身上的价值观中解脱出来。

幼儿对生活的认识正如我们所了解的，往往是将现实和幻想联系在一起。研究表明，能够自由的参与高质量的幻想和表演游戏，被视为"幻想家"的，花大量的时间进行想象的孩子（Singer，1977；Pulaski，1981；Riess，1981），在面对材料和不同的情境时富有极大的创造力。研究也发现，有创造力的内向思考者具有更好的专注力，他们通常并不是太积极，但能讲述更多富有新意、包含复杂人物和情节的故事，比"低幻想的儿童"更能乐在其中。针对这一研究结果，弗雷贝格（Freyberg）提出，创意游戏的训练有助于"低幻想的儿童"发展其创造力（Freyberg，1981）。她利用小人偶、黏土、砖块和小玩具来示范演出虚构的历险故事，然后鼓励幼儿讲一个类似的故事。八次课后，她用辛格（Singer）的想象游戏倾向测验来测试儿童，发现这种直接的指导方式不仅增加了儿童想象的能力，还能延长幼儿的专注时间，增进语言沟通，让儿童愉快地参与活动。

在儿童可以了解、表达和再造形状、颜色、形式、平衡、结构、质地等概念之前，应该先为儿童提供操作材料与资源的机会，这样才能帮助儿童发展理解能力，掌握知识、概念和技能。儿童应该仔细探索周围环境和经验，而不是单凭好奇心，因为儿童常常发现自己无法综观事物的整体印象，而是倾向于从个别自己感兴趣的方面去研究事物（Sloboda，1985）。图5.1是一位6岁儿童的作品，她所画的这匹马，足以作为我们讨论儿童从自身经验中进行创造和表现的最佳印证。对一个6岁的儿童而言，这幅画相当不错，不管在线条和形式上都与洞穴画很相似。她对马的认识、和马关系也非常特别：她几乎将所有的时间都花在这匹马上，全心全意地打扮它，骑它并且照料和研究它。

图5.1 一名幼儿所画的马

正是通过这些直接的和有意义的经历，女孩才能创作出属于她自己风格的图像。普拉斯基（Pulaski）指出，儿童必须有过某种经历，才能创造出"原本他们无法创造的东西"，她还指出，"要让儿童进行有意义的模仿，比如说嘉年华盛会，必须让他们先知道什么是嘉年华"（Pulaski，1981：18）。我还要补充一点，儿童不仅需要知道事物的外形，还要了解物体的味道、声音、触感、特性以及自己对它的感觉，女孩的画可以证明这一点。大部分的儿童都可以创造出高品质的图画。古德诺（Goodnow，1977：10）指出：大部分的幼儿作品都具有迷人、简洁、新奇、顽皮的特质，而且给以一种愉悦的新鲜感受。但是，并非所有儿童都如此幸运，都能在日常生活中有这样深刻的体验。一部分孩子，如创作图 5.2 和图 5.3 的儿童，由于他们对鸟感兴趣，于是被带到一个鸟类保护区去参观，并创作出这些作品。然而，还有更多的孩子，没有户外参观及使用

图 5.2　源自儿童个人兴趣与经验的一幅画

图 5.3　另一幅源自儿童个人兴趣与经验的画

不同的媒介表达自我的机会，这些孩子就特别需要有人为他们提供水、砂、陶土、颜料、蜡笔、水彩笔、回收材料、纸品和布料、棉花和珠子等材料，以及肢体联动、创作欣赏音乐、写作及聆听诗词与故事的机会。

显然，不同的儿童进行材料和资源的探索所需的时间是不同的，成人也不应该在孩子探索的过程中，期待"作品"的产生。作品自然会产生，但是，如果成人想借此作品来美化教室，则恐怕会大失所望。我们要铭记，教室本身应该有刺激儿童探索的功能，成人可以设计布置有趣的区角内容来吸引孩子的注意。但是，特别要强调的是，这并不是指让儿童局限于成人设计的框架内。HIM 在《初级学校教育调查》的报告中指出，有些作品的创造性与教育意义"很少，比如说，儿童用蜡笔或彩纸将老师所画的图像填满，或是通过描画模板来复制图形"。

成人应该要学会欣赏儿童透过创意的表达而自然完成的作品，而不是为创作而创作。布鲁斯（Bruce，1987：58）在这点上和我的见解一样，他认为：

利用模版去复制他人对猫的认识是一种低层次的工作。帮助儿童完成他们自己力所能及的事——画圈或线，告诉他们画出属于自己的、唯一的、特别的、想象中的猫，这才是属于儿童高层次的技能，这需要成人的不断鼓励。

老师的作用应该是观察、启发、参与、鼓励、支持与拓展儿童的艺术经验。我们再回头看看本章一开始所描绘的第二个游戏情境。这个例子可以引发一系列的与儿童创造力、艺术和游戏相关的理论性和实践性的问题。

可以看出这个儿童对自己意外的发现感到有趣且愉快，但是也发现儿童对画画前需要观察小鸡的过程感到有些厌倦，这提醒我们思考儿童专注时间长短的问题。另一个有趣的实践性问题是，儿童的手边有多种颜色的颜料可供选择。试看小鸡柔软的羽毛有各种不同深浅的颜色，由黄到白，而且小鸡的爪子是橘色的；它们被关在一个淡黄色的笼子里，里面铺了很多木屑，且不提那双颜色较深的眼睛，整个看来，整个图像用一个彩色的蜡笔就可以画出来，颜色深浅的变化不大。但是儿童却有一堆的颜色可供选择，有黑的、红的、蓝的、黄的、绿的、棕的和紫的。没有白色，也没有任何形式的调色盘或水可以让儿童使用。那又怎么样？你或许将听到这样的回答：儿童可能把物品原有的颜色想象成自己想要的颜色——这就是所谓的创造力——但是接着问题来了，这个活动的目的是什么？以及在此目的下，提供给儿童发挥创造力的机会又有多少？这个孩子在活动开始时，的确是很认真地要把小鸡画下来，而且使用黄色的颜料来表现她所看到的形象。她甚至走近笼子去确认眼睛的颜色，或是眼睛的位置，但是不知怎的，可能是因为不专心，或是要用一支很大的水彩笔来画一个小小的眼睛给他造成困难，又或者是可供选择的颜色太多，于是她转移了注意力，不再继续之前的创作活动，这里面有很多值得进一步探讨的细节：

1. 既然设定了儿童观察绘画而非自由绘画的目标，成人就应该思考材料的实用性。假如减少供选择的颜色，儿童可能会一样展现创意，或是更有创意。

2. 如果能预先指导儿童如何混色，以到达所要的颜色效果，也许可以让儿童有更多的探索空间来变化颜色的范围，由橘黄到黄色再到白色。

3. 即使事先没有指导儿童如何调色，但提供水和调色盘，儿童仍有机会自行试验各种颜色混合的效应。

4. 即使对一个 5 岁的儿童而言，不同粗细的水彩笔有不同的作用。

5. 画画主题能否延续需要更深入的思考。

6. 自由绘画可以为儿童提供从已有图画形式中创新的机会。

7. 如果希望儿童的发展与需要能在学校内得到顺利引导，成人就必须预先了解儿童的发展和需要。

8. 教师如何利用艺术表现形式实施有创造力的教学是一个很重要的课题，这关系到儿童未来的探索学习能否愉悦和丰富。

重要的是，各种形式的创造活动并不会自然发生。要发挥创造力就要预先设计出你想要的结果。儿童在一定的程度上，是凭借直觉进行创造活动的，但是直觉也是建立在经验的基础上。假设儿童要画一个庞大的物体，那么他已有的丰富的利用纸和颜料的经验将成为活动的起点——但是，他还不会计划和组织，因此，他们可能计划画一个很高的人，可是画出来的人的腿却很短，这是因为他们所想到的只是要把画纸填满而已！当然，这和儿童的发展阶段有关，但是有时成人忽略了儿童真正的发展阶段。举个例子，我曾经教过不到 6 岁的孩子如何画出天空和地面的交界，我教他们如何刷上颜色使交界显现出来，而不是用很重的线条来描绘交界处。或许有人争议说，在这个例子中，是材料本身提供了使用方式的信息，而不是儿童真的了解天空和地面如何交界，儿童只是学会使用材料来表现而已。但是，再想想看，这些儿童在之前的数周里，就已经不断从不同的地方、从各种角度、为了不同的理由，实地观察天空与地面如何交界。因此，我们可以说孩子在教学之前就已经了解天地交界的意义，这个概念并不完全是偶然习得的。

毫无疑问，我们要鼓励创造力与艺术表现，就要给儿童提供适当的技能和材料，给儿童尽情探索情境或事物潜能的机会。我的同事告诉我，他们发现给儿童较少的颜料、蜡笔、水彩笔或是不同层次的颜色（如浅色系）选择，孩子的表现会和平时提供主要颜色（如绿、棕、紫色）时大为不同。跳舞也一样——不同的空间使用（在一般路面上或草地上，在教室或大厅）会形成不同的气氛，从而对肢体表现形成不同的刺激。要表演一棵秋天的树的运动姿势，和表演生气、高兴或黑暗是完全不同的。音乐表现也一样——对儿童而言，为歌曲配乐，与为漫步鬼屋或穿过雪地的情境配乐相比，二者的挑战性也不大相同。把娃娃家布置成小红帽祖母的小木屋是一种戏剧角色扮演形式，它是对某种既定印象的重现；但是真正的想象角色扮演可以让儿童表达并解释他们所创造的形象，而这些形象是儿童透过对现实和幻想的感受而创造出来的。诚如尼都斯（Needles，1980：189）所指出的，戏剧表演游戏是巩固思考能力的决定性因素。

有时我们或许忘了，儿童在玩建构性玩具时也有很强的创造力。他们建造了一个迷你的世界，演出假想和幻想的情节。曾经有一次，我认识的几个 7 岁的孩子，在班级换教室时，翻出了一大箱形状各异、大小不同的木制砖块。在接下来的两个小时里，连老师也不敢相信，他们竟然让这些玩具脱胎换骨，在地毯上组合出一个至少 3 米长的小世界。其中有各种我们能想到的设施，从出生、结婚、死亡、战争、工厂到一般日常生活用品，还有一些可爱的小细节，例如，一个类似给当地恐龙居住的洞穴以及一个可供外星人的飞行器着陆的平台！这些孩子不只是模拟了这个世界，而且还依照自己的想法来改变、描绘、测量这个世界，写下与这个世界有关的事件，还能够和别人共同分享这个世界的意义，就好像他们自己在享受这个世界一样，还能够思考这个世界所代表的历史年代或某时期的生活状态，并在必要时进行补充和修改。许多研究都发现，这种开放性的玩具材料能引发具有高度创造性的游戏；贝伯乐（Pepler，1982）、鲁宾和豪（Rubin and Howe，1985）都曾指出：抽象的玩具和材料能鼓励儿童进有创意的游戏，而结构性强的材料可以引发儿童做出的较好的创意表现。

创造力和当今的游戏理论

上述的几个例子，虽然各不相同，但都体现了游戏学习的模式和理论与儿童的创造力有密切关联。所有对创造性方法和经验的介绍都很重视过程；先是开展指导性的活动，然后是将儿童的注意力集中在不同的技巧上，这又反过来促进儿童自由运用他们与日俱增

的知识、技能和理解力来进行游戏与创造。吉恩里纳德和毕学普
(Jeanrenaud and Bishop, 1980: 81) 曾指出：

　　适当的指导……最能激发孩子的创造性。虽然孩子的学习与探
索经历都是顺其自然地进行，但他们实际上是循着已知的路径，通
往发现与创造的道路。

　　当儿童参与过艺术活动，有了大量想象和创造不同印象和情感
的机会和经历后，他们可以尝试艺术的设计，接受进一步的挑战。
一组7岁的儿童，承担了一个为布娃娃设计雨衣的任务，孩子们一
开始的目标是希望布娃娃看起来更美，在慢慢进入状态后，才把焦
点移到防水布的功能上来。他们用不同的材料进行探索、尝试和检
验，为了找到一种真正具有防水功能的布料。通过这种方法，他们
设计出一种雨衣，把这种雨衣盖在玩具身上就可以防止布制的玩具
变潮后头耷拉到脚上。他们围着娃娃画下了它的轮廓，以便知道雨
衣的尺寸，但他们忘记了，当他们用胶水把这些零散的布片粘在一
起的时候，雨衣的尺寸就变小了。经过了尝试错误以及对第一次成
功的总结，最终他们做出了一件相当成功的雨衣。不用说，在接下
来的环节里，他们又制作了雨伞和雨靴。这种会选择材料并理解其
中哪些能帮助他们达到预期效果的能力，在普拉克罗斯（Pluck-
rose）看来是儿童建立审美原则中最重要的方面。

　　科学与技术常常为孩子提供一些艺术的成分，但是必须强调的
是，无论是对孩子还是对进行引导的成人而言，重要的不是最后做
出来的衣服好不好看，而是进行设计、选择、领会和理解活动意义
的过程，以及活动过程中的所有注意点。这正是前面所提过的，问
题解决与创造力相融合而又相互有别的地方。淇尔德（Child,
1985: 57）认为，创造性思维是需要一定的环境的。他提出这样
的一个问题：我们如何能将著名科学家、著名艺术家的发明创造活
动及其成果和幼儿联系起来呢？

儿童天生就是符号的创造者，他们从很小的时候就开始涂鸦，随着符号表征思维的发展，他们所制造的这些斑斑点点将会改变他们表现的特点和力量。我们常看到，年幼的儿童会突然做出一个用黏土制成的房子模型，但过一会儿，却把它变得更像是一只怪兽，再过几秒就只剩一堆不成形的东西在桌上了。成人该如何评价孩子在美感和认知方面学到了些什么呢？只能是再过些时候，等到孩子们能够根据自己的探索做出令自己满意的东西，并向他人解释其作品时，成人才可以开始评估孩子的认知发展。在 4～8 岁这一阶段的中期时，孩子们开始需要同龄人及成人理解他所创作的图画和模型，在此之前，据普拉克罗斯（Pluckrose，1984：256）所言："想象力可以超越空间、时间及材料的限制，他之所以建造是因为觉得自己必须这么做。"这一点就如我所说过的，孩子们必须游戏。

　　"想要有创造力，你就必须有胆量与众不同。"（Claxton，1984：228）创造力需时间和想象力，大部分儿童都兼具这两方面条件。更重要的是，具有创造力需要有自信、一定的知识、接受能力、要能对无价值的东西有所意识，还要有进行游戏的能力。所有这些都是在童年应有的，但其中还有一些需要在学校教育环境中花很大力气去培养。

第三部分

第六章 游戏、课程与组织

游戏情境

1. 五个 6 岁的孩子组成一个小组，他们围在桌子周围，用蓝色和黄色的颜料玩涂印指纹的游戏。这是"颜色"主题活动的一部分。他们用指印表达各自选择的不同形状—— 一个人、一束鲜花、一棵树、一条鱼——一个孩子正在画一些很抽象的东西。他认真地把一个黄色的指印印在另一个蓝色的上面，认真地观察，然后重复这一动作。他走到邻近的孩子身旁，指着所发生的事情，说："看！我把它变绿了！"第二个儿童也跟着做，得到相同的结果。他们俩兴奋地邀请老师来参观。教师走过来，说道："告诉我发生了什么事。"这个孩子详细描述了他如何把黄色覆在蓝色上面，使之变成了绿色，以及如何为小朋友演示这个过程。教师问道："想想，你能做出其他的颜色吗？"孩子回答："我想可以。"这一次，他先把黄色的颜料涂在纸上，再往上加了蓝色的颜料，"看，我又做成了绿色，不过这个绿色更深了。"老师回答道："是的，你做到了，但我想知道你能否把绿色做得色调丰富些？"原来在画树的一个孩子，开始往自己的手指上飞快地涂上黄色和蓝色相混合的颜料，它们都奇迹般地变成了绿色。她兴奋地谈论自己的发现。教师询问大家想对这个发现做点什么。一个孩子说，想要一些刷子和"小盘子"，用不同的方式把黄色和蓝色调制在一起。孩子们取了刷子和盘子，教师拿出更多的纸。她悄悄地把黄色和蓝色的纸放在孩子已经有的白纸上，孩子们继续实验，

91

互相讨论自己正在做的事以及做出来的颜色的色调，活动持续了一个多小时。最后，孩子们汇报了他们的实验结果。

2. 老师召集全班 27 个 5 岁的孩子围在她身边，向他们展示一个保暖材料的实验。这是当时正在进行的"冷热"主题活动的一部分。她准备了四个空的瓶子，分别为它们裹上毛织品、金箔纸、报纸和棉布。她告诉孩子们今天准备进行一个测试，看看哪个瓶子能使水保温，在下午余下的时间里，要定时地查看哪个瓶子的保温状况更好。孩子们看着老师把开水从水壶倒进瓶子里，然后用不同的材料盖住瓶口。让两个孩子用手去触摸瓶子的外壁。老师问："现在，哪一个是最热的？"其中一个孩子似乎很困惑，另一个孩子说"是这个"。老师又问："谁能说出为什么这个是最热的？"老师接着问："你们认为今天下午活动结束时，哪一个还是热的？"孩子们的回答各不相同。她问一个选择裹上金箔纸的瓶子的孩子，为什么做出这个选择，儿童答道："因为它有光泽。"这时，有几个孩子开始感到烦躁，老师让他们离开小组去做数学作业，冷、热印①实验以及描红。下午，活动临近结束时，孩子们收拾东西，重新回到对这个实验的讨论。教师带着孩子们回顾之前的实验过程，让孩子们猜猜现在哪个瓶子是最热的。答案很多，但是没有一个孩子能对自己的答案做出解释。"这样吧，我想现在水够凉了，让我们把手指放在里面测试一下。"老师说。几个孩子都想做试验者，老师点了阿穆迪普（Amdeep），而他就把手依次放进四个瓶子里。

教师：哪个瓶子摸上去最热？

Amdeep：我不知道。

教师：快点，再试一次。

---

① 冷印：用胶将铜模版花纹直接印于瓷上；热印：铜雕花版在加热后印于花纸上。

阿穆迪普（Amdeep）又试一次，但是，他似乎更加困惑了。"我想我们应该给其他人一个尝试的机会。"老师说。这一次，她点了罗伯特（Robert）。他似乎也非常困惑，无法回答。这时，教师说她自己亲自尝试，并告诉孩子们毛织品裹着的瓶子是"胜利者"。

教师：什么材料能使我们在冬天感到最暖和？

儿童：粉色的，毛毛的东西。

毫无疑问，成人不应该低估自己对儿童以及儿童游戏的影响。儿童都想取悦每个和他们一起相处的成人，想要达到成人的要求。对成人而言，这不仅是一种愉快的感觉，更是潜在的难题。对幼儿教育者而言，这是相当沉重的责任。由于成人可以很容易地影响幼儿的心灵和行为，为了避免滥用这项权力，我们更应该小心审视每一个活动的目的。在金（King，1978）、班尼特（Bennett，1984）以及德斯福吉斯和考科本（Desforges and Cockburn，1988）的研究中都提到，幼儿在学校里，会想尽办法"取悦教师"。虽然，本书和其他著作都一再强调，幼儿应该要了解活动的目的，并且主动参与活动，但是，从上述研究的结论看，很多时候事实并非如此。

教学互补的本质

脱离生活的课堂教学不仅很危险而且常常导致混乱的场面。幼儿园的一天是如此的复杂且瞬息万变，以至于无论选取哪一个情境作为讨论主题，都未必能代表所有的情况。但是，之所以选择前面两个游戏情境是因为，它们体现了教师对儿童活动的不同反应和策略，并且这是所有早期教育工作者共同面临的问题。然而，关键的问题在于关注教学和学习的互补性。没有一种教学方式，也没有一种学习方式，能够应用于所有情境、所有教师和学生。我们都在使用不同的技巧策略，而这些策略源自于一定的哲学观、教育观和学习观，相应的，这些观念又受到个性、情绪、教育环境、支持水平、设备、资源等多种因素的影响。自 20 世纪 70 年代早期开始，英国就有大量的关于教学方式对儿童发展影响的著作（Benntt，1976；Galton *et al*.，1980；Nash，184）。类似的文献美国也有很多（例如，Mohan Hull，1972；Millman，1981；Combs，1982）。尽管如此，由于初等教育的本质是如此复杂，依然没有人能完全地阐释教学与发展的关系。但是，HMI（例如，DES，1985a，1987a）通过对不同学校的调查，总结出了优秀的教学实践的一些普遍特征，并指出教学和学习的质量取决于以下的因素：

- 儿童积极参与他们的学习（脑力活动和体力活动并重）；
- 儿童想要做的事所具有的意义和目的，以及这些事与他们的生活的关系；
- 教师组织学生的学习，并提供一种内容广泛的、均衡的且适应儿童个别差异的课程；
- 能帮助儿童建立独立的学习和自律能力，且不带有强迫性的课堂管理方式；
- 对儿童的高度期望，以及让儿童在问题解决的实践中进行活动和游戏的机会；
- 教师应培养儿童的学习行为，促进其合作精神、注意力和意志力的发展。

课程中的游戏

显然，人们所谓的"游戏课程"包含了上述的各种因素，然而，它忽视了游戏的一个主要特征，即游戏只是一个过程，这一过程为游戏行为中的学习及其结果提供了一种模式。游戏本身并不是一种课程，但是它对引发、促进和维持某种课程模式（后文将稍加阐述）中的学习有重要作用。把游戏作为一种学习途径，通过游戏维持学生的学习动机和兴趣，这与直接指导一样，也是一种教学策略。如果教师明白给儿童一定的书写目标的重要性（例如，完成一页加法练习，或写一篇如何度过周末的日记），那么他们也应该认识到设置某种游戏目标同样很重要（如果不是更为重要），前面章节已说明了这一点。许多学校提出了"游戏策略"以及在学校设立"游戏"主题的口号，这对促进人们对游戏的重要性的认识起了积极的作用。事实上，游戏是一个过程，而不是一个课程，正是在各个课程中人们应该把游戏看做教学和学习的一种手段，而不是一个单独的体系。由于游戏是儿童学习的动机，而且极为重要，因而，游戏应该自然地融入教师设计的学习活动中，而不是作为不适宜、不确定的活动独立于教学之外。

大多数教师都认可游戏是有价值的，在课堂中应有一席之地。他们也以含蓄的态度表示，虽然游戏不居首要地位，但至少在他们所引导和观察的活动中居于第二位。事实上，并没有证据表明，这种引导性的教学能促进儿童真正意义上的学习（Bennett *et al.*，1984；Desforges and Cockburn，1988；Tizard *et al.*，1988），尤其在幼儿园更是这样，因为这种教学几乎不是从儿童的准备状态出发的。通常，教师是从他们所认定的幼儿"应有"的水平为出发点进行教学，而不是基于对幼儿的真实了解。造成这种现象，是因为教师把自身角色定为"讲授者"，而讲授者总是知道需要教授什么，并不断地教下去。前面第二个游戏情境下的教师就是个生动的例子。第一个游戏情境中的教师，更倾向于采取这种教学观：即应该尽可能地鼓励儿童自己探索材料和活动，适当的时候教师引导拓展他们的学习，最后，再次让儿童进行探索游戏，以进一步发展他们的经验。

学前儿童教育由来已久，实践证明，儿童确实需要有组织良好的游戏，以发展其认知和情感（Jowett and Sylva，1986）。然而，缇扎德（Tizard）和他的同事于1988年发表的研究结果却令人失望。该研究调查的33所学校中，幼儿园大班的儿童一天当中进行自由游戏的时间不足1%（Tizard *et al.*，1988：49）。如果幼儿园班上儿童和成人老师的比例以30比1（或更大）为标准的话，每个儿童和成人在一起的时间就非常少，甚至是一组儿童和成人在一起的时间也不见得多。但是，这也说明，教师必须考虑自己在课堂中的角色是什么。如果教师将自己定位为指导者的话，那么他们每天都必须直接"指导"或教孩子一些东西——这对任何人而言，都不是一个轻松的活。但是，如果教师的角色是学习的发起者和促进者，或者仅为儿童提供探索、游戏、计划及独立学习的方案，那么一切就会不同。更为重要的是，这样，教师就能腾出更多的时间与儿童一起探索知识并了解幼儿。如此一来，教师作为一个有效的组织者，他将能够指导、肯定并支持儿童以自己的方式，依据自己的水平，利用自己已有的经验进行学习。

为了避免这一观点显得过于理想、不切实际，现在，我们需要引入一种课程结构，借助这一结构，游戏和学习使所有儿童的潜能得以充分发挥。

学前儿童课程

根据定义课程就是价值的传递（Winkley，1987：193）。

除了是价值传递外，课程还与教学的目的、内容、行为及结果有关。但是，更重要的是，课程同时还与儿童自身的起点有关，而这些起点具有极大的个体差异。HMI在很多报告中都强调，各种基础课程，不管是主题教学还是经验课程或整合课程，都受到幼儿特点的影响。此外，很多报告也提出幼儿的"基本技能"对教学影响深远。理查德（Richard，1987：168）针对国家课程提出：

这并不是贬低教师工作的价值……（教师工作的价值）可以从对教师的严格要求中得以强调，通过从教师对本班工作的计划、对学校课程方案的设计中体现出来。

目前的情况是，所有的课程都受到国家课程标准的限定，而且大家都努力维持现状，所以如果有人要改革，一定会有压力。但是，正如前面理查德（Richard）所说，教师使用专业技能的权利绝没有被剥夺。这意味着，以极为重要的、可理解的标准为指导，制定教学目标和内容，可以保证我们作为一名素质教育的主要执行者有充分的自由去把工作做好，将课程变为真正的行动。如果我们客观地审视下边列出的国家课程标准的目标，将会发现，该课程计划与教学中儿童的发展之间并不存在真正的冲突。因此，我们还是可以依照布鲁纳（Brunner，1971）的观点去做，即从儿童现有的水平入手——教师应该透过国家课程标准中的那些大套话，看到其中真正对儿童发展有利的东西。实质上，课程结构的内容涵盖了儿童的发展问题、知识、价值等，人们不禁要问："这不就是成人一直试图传递给儿童的东西吗？"

需要指出的是，虽然国家课程的对象是 5 岁以上儿童，但是全国幼儿园小班的 4 岁幼儿也是该课程的对象，且被视为课程目标的主体。在国家课程规定的《5～16 岁儿童课程目标》中，明确指出，学校教学应帮助儿童达到以下目标：

1．培养积极探究的精神，发展提出问题、合理辩论，并解决问题的能力。

2．获取与成人生活有关的知识与技能，并应用于迅速变化的世界中。

3．有效地使用语言和数字。

4．逐渐培养儿童尊重宗教与道德价值，接纳其他种族、宗教和生活方式的观念。

5．帮助学生理解自己生存的世界，理解个体、群体、国家三者之间相互依存的关系。

6．欣赏人类的成就和远大抱负。

然而，正如学校理事会（1983：16）所说的："这些目标似乎太大、太模糊，无法对教师实践提供帮助。"确实如此，但是这也恰是其优点，它使学校和教师有更大的空间来实现自己具体的教育目的。我们的具体建议是，学校应该使课程目标明确化。这个课程的内容应该包括九个学科领域：数学、语言、科学、技术、地理、历史、艺术和设计、体育、戏剧和音乐。这样的课程应该是内容广泛、知识均衡、相互关联的，应具有连续性并考虑到不同的需要。国家课程（DES，1987）指出，就小学教育而言，这些学科应该作为一个整合的课程体系进行考虑。我个人认为，应该对上面的第3条做出修改，儿童不能仅仅在语言和数学领域使用所掌握的知识，其他课程领域也一样重要。但是，这样又陷入对"语言"这一术语的狭义理解中，因为，在之前的第三章中已提到，"语言"本身涵盖了人文、科学、问题解决等。

事实上，长期以来，人们对学校课程的认识比上面提到的目标要狭窄得多。学校总是忽略其他领域，而把主要注意放在儿童的知识学习和技能练习上。相应的，数学（几乎全部是数字）和语言（几乎全部是阅读和写作）被定为课程的主要组成部分，这再度忽视了其他重要领域。尤其在幼儿学校这种现象更为严重。因此，本书的前几章所谈到的问题解决和创造力，在目前许多学校的课程中没有得到重视。如果我们用发展的观点去看待儿童，则需要对这两个方面给予更多关注。

成人应做的是，计算出幼儿学校和一年级的学习主题中，不同领域的课程在时间上所占的比例是多少。一个主题所涉及的内容不足，则可以在其他主题中进行补充。因此，合理安排主题，考虑儿童在不同领域的兴趣平衡是重要的，如果一个主题强调艺术，下一个主题应该强调科学，不应该重复。

如果我们把一个完整的主题周拆开，我们会发现什么？在和幼儿教师一起工作的过程中，我看到许多内容广泛、平衡、相互关联且具渐进性的课程，这些课程并没有把当时最典型的、一成不变的教学方法拼凑在一起，它不仅代表好的教学实践，也代表以学生为中心的课程制度。有一项研究调查了12名来自不同幼儿学校和机构的学生，其结果显示，一天5小时中，学生们的大致活动安排如下：

- 90分钟语言活动，包括讲故事时间、手指游戏和语言讨论部分（内容往往是关于数学、科学、艺术和人类）；
- 90分钟数学活动，往往与学科工作、通过自由游戏和引导游戏提出问题和进行问题解决活动有关；
- 大约60分钟的艺术活动，这似乎不符合国家课程标准的要求，但是，经过更深入的观察发现，大多数的艺术工作的内容与形状（数学）、观察绘画（科学）、结构和模型制作（技术）相关，也常涉及周围的世界（人文科学）；
- 每天至少20分钟用于开展音乐、体育、舞蹈或戏剧活动；
- 另外20分钟准备午饭，户外活动，集合；
- 再用20分钟准备其他类似集合的事情。课程内容往往是广泛的，包括与宗教教育相关的社会、道德、伦理教育。

从上面的例子可以看出，"一般"情况下，与技术、人性、艺术和体育相比，语言和数学的安排过多。但是，如果回顾一周的课程安排比例，例如，儿童到外面散步（人文），有两个半天使用电脑解决问题（技术），根据他们散步过程的见闻制作出稳固高大的建筑物（科学、技术、设计），有更多的参与戏剧和绘画的机会——所有这些都来自语言和数学的时间——这样不同学科之间的平衡就较为明显了。当然，实践并非总是与计划完全一致（例如优秀的幼儿教师，具体做法是有弹性的），但是偏离并不大。这里呈现的课程目标和国家课程要求差距不大，儿童也拥有更多从事游戏活动的机会。

据此，有人建议，教师应该对自己的教学计划及其实施进行同样的分析。以便在过去的基础上，把课程结构调整得更为合理。当然，其中有一个困难，即我们如何确定活动的具体学科属性，例如，和幼儿一起做饭的活动通常被视为科学活动，而科学活动多数是指沙水之类的游戏。如果，像学生订计划一样，成人也在纸上写出这些课堂活动的计划，那么，就比较容易按照国家课程标准为活动"贴上标签"。如果这样做，教师会发现，原本为了保证课程的广泛性、均衡性、相关性和差异性而需要增加的内容，事实上，已经绰绰有余了。图 6.1 显示了教师根据自身需要形成和扩展其课程计划的方法。

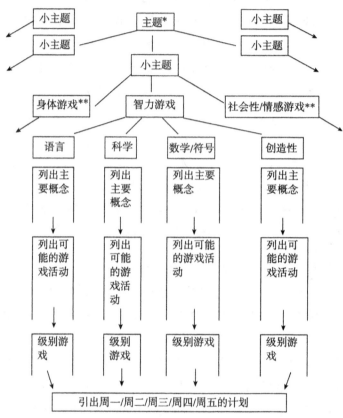

* 一个主题有助于确定某些特定的小主题，这些小主题经过检验确认后，其中一些将成为相关内容的核心。如果小主题没有经过检验，那么将导致主题活动变得非常肤浅和涣散。

**第一章表 1.1 中列出的那些游戏条目应该渗透到所有领域中，就如智力游戏这样。

图 6.1 以主题基础为依据建构起来的有组织的游戏活动框架

注：这个图表如果画在一张大纸上，或者画成各领域俱全的一张详图，效果会好很多。

有关课程主题有几点需要强调。如果我们试图培养儿童的独立性和自主性，那么那种需要依靠教师才能进行的知识本位的教学计划是毫无用处的。例如，儿童对《罗马书》一无所知，需要一点一滴的知识信息传授，这样的主题对任何人都没有帮助。然而，诸如声音、家庭，幸福，颜色之类的主题，则大有裨益。

最主要的问题是，这样的课程内容计划没有考虑到不同的教学和学习情境，也没有谈到其中的相似或差异所在。更没有显示个别儿童在不同活动中所需的时间。最重要的是，它没有提出衡量儿童的表现和教师课程质量的指标。这肯定取决于整个学校和个体教师的评价标准，对此，瓦格（Wragg，1987）和莫伊蕾斯（Moyles，1989）在著作中进行更充分的讨论。

课程实施：组织学习

当我们将任何事情写在纸上的时候，就会像国家课程一样，变成不可接受的教条。把目标归纳成教育哲学观，显然是件困难的事。读者恐怕要问："游戏怎么了？"前面已提过，游戏是进行学习的一个过程，虽然这个过程很重要、很易受影响，但是，如前所述，游戏只有在实施课程的过程中，才能成为真正的游戏，因为这个过程使游戏的许多潜在的优点得到发展。态度、动机、持久性、注意力、反思、合作、自治、享受等作为学习者特征也成为课程特征的一部分，而这些课程特征是无法从学科领域中找到的。它们反映了一个整体的学习观，这个学习观无法以一种定义的形式表述出来，它包括上述的全部领域，也正是这些领域决定了儿童学习什么以及怎样学习。

儿童在游戏中表现出上述学习者的所有特征，尤其是当成人能清楚了解并满足儿童在游戏中的需要时，这些特征将表现得更为明显。儿童的这种需要包括：

- 游戏伙伴、游戏空间和区域、游戏材料、游戏时间、周围的人对游戏的重视；

- 有机会成对地、成小组地或独自地进行游戏，观察他人、或和成人一起游戏；

- 给予一定时间，让儿童用语言分析自己做过的事，尝试如何描述自己的经历；

- 有足够的时间让儿童完成游戏（多数时候这一点无法满足，儿童许多有价值的活动无法完成，也未得到成人的重视）；

- 使儿童的已有知识和能力得到拓展和深化的体验；

- 激发和鼓励儿童进行更多的尝试和学习；

- 有机会进行有计划的和自发的游戏。

教师应该在课堂内外尽可能地满足儿童的这些游戏需要。接着，我们看看另一个游戏学习情境，结合上述的儿童游戏需要，对其中的课堂组织和管理进行反思。

该班级由 28 名 5～6 岁的幼儿组成，他们来自不同的背景，教室大致分为如下 5 个区域：

1. 柔软区，铺有地毯的区域，基本上是供集体和大组活动用的，其中也储存了大量的语言活动材料，目前还有一台带文字处理器的电脑。

2. 表演/想象游戏区，有时是一个家庭角，有时是不同的商店和服务区。

3. 科学区，用于小组开展科学和数学活动，其材料包括：沙、水、建构玩具、储存各类材料的盒子等。

4. 紧邻科学区的是创造区，所有的艺术、手工、设计活动的材料均存放于此——用于制作模型的废品材料、胶水、剪子等。

5. 刺激区，是存放和使用主题材料的区域，儿童还可以把自己喜欢的、值得炫耀的作品展示于此。

课桌和椅子整齐地摆放于这些区域，整个教室的布局和组织如图 6.2 所示。当前的主题是"黑暗和明亮"，教师正在讲特德·休斯（Ted Hughes）的"铁人"的故事，这是主题活动的一部分。教师清楚地意识到，每日活动的开头应该尽可能与前一天活动的结尾相连。这样能使儿童理解当日的任务，并且能把过去、现在和将来的活动很自然地联系起来。因为，无论什么时候，无论在哪个班级，总有儿童在开展工作，准备进行一项新的活动，总有儿童需要机会练习他们即将掌握的本领，也总有儿童有个别需要，这些都应该得到满足。某一天，两名小学生来到教室协助开展电脑活动；上午由一名教师助手在班里组织活动，下午则由一名家长负责。

图 6.2　教室的布局和组织情况

　　根据前几天和儿童的讨论，教师对活动做了计划。活动所需的材料，一部分在幼儿入园前已经投放，另一部分则放在儿童能够找到的地方。教师对活动的具体安排如下：

1. 制作巧克力和香草饼干，以便让其中 6 个孩子到另一个区域（观察区）探索黑暗和明亮。教师的助手将负责这个活动。她已经计划好与孩子们的讨论，孩子们都带了一些零钱，第一步的任务是定好必须的材料，然后带他们去商店购买。

2. 在电脑上写下关于"铁人"的故事——这是其中 3 个孩子的任务，另外 2 个孩子负责讲故事（语言区）。与这个故事相关的词汇将被存在电脑文档里，这样儿童很快就建立了一个适合他们的词库。有几个孩子昨天写了自己的故事，今天将给他们时间把故事读给其他孩子听，这能够提升儿童的能力，也能激励其他孩子讲自己的故事。年长的孩子将为那些已完成故事或想开始新故事的孩子提供帮助。

3. 在本周的前几天，有 5 个孩子制作了铁人的模型，他们现在正为班里其他孩子写关于"怎样做模型"的书（语言区）。今天他们要完成这一任务，还要向其他孩子朗读、展示其内容。

4. 昨天，6 个孩子已尝试了"黑暗和光明"混合的绘画，即先用一种深色的颜料（例如深蓝），并逐渐添加白色，一直到颜色几乎变成了纯白（创造区）。有些儿童用这颜色在纸上涂上条纹，另一些儿童则随机地在纸上画曲线。教师认为，今天若让儿童用颜料画同心圆将会很有趣，这种活动有一种"黑洞"效应，可以强化孩子们前几天学习的画圆的技能。在为孩子们引入同心圆的概念前，教师先为儿童提供了圆形的纸，让儿童思考这些纸可以用来做什么。

5. 昨天，几个孩子提出在教室里制作一个黑洞将很有趣。教师也已经在表演/想象区做了一些准备，她带了一些黑色的材料和一张石头图案的墙纸。一些孩子还说，今天将带来更大的塑料纸和纸板盒子，用于制作石头和墙。教师检查了黑色和白色的颜料（有些是预先调制的，有些可以干燥时直接使用）是否够用。

6. 昨天，两个在塑料坦克上玩的孩子，在"刺激区"的桌子上发现了两只黑蜘蛛。这两只蜘蛛已在两个桌角中织了网。教师从科学储存柜中借出孩子昨天想要的手用放大镜和显微镜，以供今天使用。教师推测巴宾和布里特希（Bhavin and Pritesh）（她的两个"活泼"的男孩）今天肯定想要画蜘蛛，并且会有更多发现。她已确认学校图书馆里有许多关于蜘蛛的简单的书，或许孩子们在接下来的两天会想去找一些来看。

7. 11：20 全班要在礼堂集合，今天教师将继续探讨"明亮感"和"黑暗感"。奇怪的是，上周丽塔和尼克（Rita and Nicki）（即使在最好的情况下他们也不是领导者）是怎么激起其他孩子对此的兴趣的。或许今天能有别的孩子继续"闪光"，虽然丽塔和尼克还满怀期望继续充当领导角色。

8. 下午，将以讲述铁人故事的下半部分为开始，这样下午可以有一个安静却激动人心的开端，这或许能激发更多孩子尝试写故事。由于那两个小学生不参加今天下午的活动，所以教师鼓励那些已经完成自己故事的孩子帮助刚起步的孩子。

随着孩子们的陆续到来，新的一天开始了，他们把纸制的"人"放在适当的位置上让他们"吃饭""回家""吃三明治"（这是孩子们为自己签到的方式）。那些想挖洞穴的儿童直接进入准备好的区域。几个儿童想继续他们昨天的活动，教师让没有活动计划的孩子到柔软区去讨论自己的计划，同时，进行一些必要的管理，并了解那些已有活动准备的孩子正进行的活动。那两名小学生进班的时候，电脑组的儿童正在讨论用什么样的词。教师又回到在柔软区，选了 6 个儿童一组和她的助手一起做饭，剩下 7 个儿童和她在一起，而那两个男孩，正如她所推测的，的确对蜘蛛很感兴趣。剩下的孩子中，有一个也对蜘蛛产生了兴趣，其他 4 个孩子和老师一起制作洞穴。教师建议想做洞穴的孩子，先设计出他们想要的洞穴的样式。他们拿出纸和蜡笔，用米尺和一些细绳子进行测量，而且已经开始成对分组，这将有利于之后的讨论。那三个玩蜘蛛的孩子也想画画，他们取来一些材料围着刺激区的桌子坐下来。现在是上午9：25，老师开始在教室里巡回走动和儿童讨论他们所做的事，让孩子向大家解释自己的活动。第一组写故事的孩子完成了任务，他们向教师和以后要写故事的孩子描述了他们的努力、困难和预测，并说明那两个小学生是如何帮助自己的。之后，他们离开活动区去装订他们写的故事（有人建议应该用银箔纸包装），新一轮的故事写作也开始了。蜘蛛这一组的儿童开始争论一只蜘蛛有几条腿的问题。教师也参与到他们的讨论中。最后老师问孩子如何才能找到想要的答案。孩子们把蜘蛛放在一个小检查台上，用放大镜检查。可是，还是没有一致的答案。此时，巴宾（Bhavin）建议从书上找答案。教师在便笺簿上做下笔记，准备明天和他们讨论"8条腿"的问题。

教师的作用完全在于支持儿童所想学的和所感兴趣的。活动所需的辅助材料是在儿童到达前就准备好的，例如，为"画家"准备的圆形纸、在刺激区的科学设备、表演/想象区的材料等。她还复制了一些材料作为备份，准备了某些特殊材料的使用建议，并且准备了一些与主题相关的游戏，把这些游戏建议放在一个盒子里以供那些不知道该做什么的孩子使用（但这种情况很少，在这个课堂中只是偶尔发生）。这一整天中，教师将不断地从一个小组到另外一个小组，倾听、提问及给出建议，评论儿童的活动质量，介绍不同的活动课程，评价儿童正在做的事，这一切，都发生于游戏的过程中，基于教师对孩子们不同行为反应的记录，以及对不同需求的了解。教师不应过分强调对上述游戏活动的价值判断，例如，尽管经过了精确的测量，也运用了空间知识和想象能力，设计洞穴的孩子们对于洞穴的形象始终难有一致的看法。他们将和老师一起讨论，让其他孩子投票选择最佳的设计方案，并尊重由此产生的结果。这种协商是课堂生活的社会性的一个体现，也是有关选择和责任的道德问题的一部分，类似的事例在教室里常常发生。若要一一分析上文提到的所有班级管理和组织的事例（甚至有些上文也没提到）的话，那恐怕要用一本书的篇幅才能完成。

图片 9　成人应当与儿童交流其学习情况。

在这样的课堂管理中，需要明确的是，教师的任务在于了解儿童在做什么以及他们是怎么做的。教师需要观察、记录、评价儿童的学习，还需要有前面我们讨论过的所有教学态度和方式。成人必须通过和儿童的交流了解其学习过程，因为，正如前文已指出的，我们不能仅仅以儿童学习的结果为依据推断儿童学到什么或评价其学习质量。这一点，正是我们下一章所关注的内容。

第七章 游戏与发展：游戏的观察、记录和价值评价

游戏情境

贝丝（Beth）目前6岁零8个月，她做出了如右图所示的一个泥土房子。她早已决定要为房子做一个屋顶。现在，她正和其他8个孩子在桌子旁一起工作，这8个孩子也以不同的进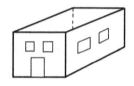度建造着房子。贝丝拿着泥块，玩了六七分钟，明显是失去了目标，不知道该干什么，尽管她表情凝重、全神贯注，也不想参与身旁其他孩子的交谈。教师走到了贝丝身边，问她为什么还不开始。

教师：你是不是想要为你的屋顶切一些长方形呢？是这样吗？

贝丝：三角形，我想要三角形。

教师：那么继续吧，切一些长方形，否则你今天就不能把房子造好了。

（教师似乎是认为贝丝误解了她的"长方形"的术语）

贝丝继续盯着她那堆泥土，最后把它重重地摔在地上。这时，她说要一根擀面杖，但是没有人给她，她便拿了隔壁小朋友的。那孩子似乎并不在意，贝丝用擀面杖把泥土压成椭圆形，她告诉隔壁的小朋友她正在做的是什么，但是那孩子太专注于自己的房子而没有理她。

这时，她取来了一个泥土模具，认真地盯着她的房子，照着模具在泥土上画了一个等边三角形，并把它切出来，放在立方体房子的一条边上。教师见状，走过来对贝丝说："噢，这是个好主意，你现在准备做什么呢？"她解释说准备多切一些三角形把它们放在一起。

教师：你需要几个三角形？
贝丝：两个。
教师：你确定是要两个吗？你的房子有几面墙壁——两面还是四面？
贝丝：四面，可是我需要两个三角形。
教师：好吧，你继续吧，我们看看会怎么样。

贝丝继续进行她的工作，以切好的第一个三角形作为模板，又切一个三角形，放在另一面墙的顶端。她看着自己的房子模型，冲旁边的孩子炫耀说："嘿，看我的屋顶！"那个孩子面无表情地说："它有洞，会让雨水进去的！"贝丝看了看剩下的泥土，把它捏成球，然后压平，做了一个比之前的小一些的三角形，依此方法又做了一个一样的。接着，她把这两个三角形搁在原来的屋顶的边缘，拼成了一个金字塔形的屋顶。她请来了老师，老师表扬了她的优秀表现，并建议她把它们固定好。

至此，贝丝总共花费的时间是 45 分钟。但她又为她的屋顶工作了 40 分钟，一直到她明显满意为止。她想向其他小朋友展示自己的作品，但是老师说今天没有时间了。贝丝按照老师的吩咐把它放在桌子上，便看书去了。

要在游戏中明显地看到儿童的进步并不容易，毫无疑问，这就是成人之所以更为重视儿童在书写和数学方面的进步的原因之一。如果我们能够认真观察贝丝在做什么，并给她时间让她自己思考所要做的事，那么经过整个下午的时间，如上文所描述的，我们确实能看到她的进步。然而，把这些进步记录下来却不是件容易的事。如米尔（Millar，1968：246）所述："儿童消化自己在探索过程中获得的信息的速度是相当慢的，成人往往低估了他们需要的时间。"当然，教师必须能识别出儿童在不同方面的进步，这不仅仅是出于责任，同时也是为了获得自身工作的成就感。当教师为儿童提供了有所准备的游戏后，就应该认真地评价、观察、监督和记录游戏活动过程中发生的事，并为孩子提供需要的材料。因为，只有当我们了解儿童现有的水平时，才能知道其进步所在。

问题在于，人们都是独立的个体，并且都从自己的经验、期望、态度和价值观出发以不同的角度看待问题，因此，当我们的选择机制发生作用时，每个人对自己所观察到的现象的解释以及对进步的评定都将有所不同。如果再考虑到儿童和成人对课堂生活互动的不同理解和期望（Bennett，1976），那情况将更加复杂。如阿姆斯壮（Armstrong，1980：206）所说："我们如何能理解儿童的想法？其中一种方法是，带着极大的同情心去审视我们所教的孩子的想法和行为。"

所有的教师都具备这样的能力：一边观察，一边在心里和纸上做记录，一边对情况做出评价（这是他们在课堂上一贯的行为模式，总是不断地评论，甚至加上丰富的面部表情和肢体语言）。虽然读者只能看到上述对课堂情境的字面描述，无法亲自到班级中进行观察，但是，应该也能够从中感受到儿童的行为、意图、互动和进步。

每个人对事物的理解都会有所不同，这一点在具体事例中特别明显。例如，读者可以从以下几个方面，列出自己对贝丝造房这一活动的个人见解：

* 儿童的活动；
* 对任务的态度；
* 自我实施和责任；
* 学习——概念，技能，过程；

- 早期学习成果的应用；
- 交流；
- 合作学习；
- 教师干预。

　　教师或许会把自己所做的笔记，与另一个独立组织类似活动的同事的笔记进行对比。很可能，其中有超过一半的地方意见是不一致的。事实上，我自己对这些情境的解释也可能遭到读者的强烈批评。有必要对一些情境和特征的性质进行解释，当然，还有一些术语也需要讨论，例如，究竟"概念"和"合作学习"是什么意思？我以为教师认为贝丝所说的不是"三角形"而是长方形，这种判断是否正确？

　　从另外一个角度说，在本书第二章中提到了班尼特（Bennett *et al.*，1984）的学习模式，我们能把这个学习模式运用到什么程度？或许，只能做出如下粗略、简单的分析：

　　1. 增长型任务：贝丝从她已有的造房子的经验中形成了黏土房子的结构。可能过去她曾学习过这种材料的使用技巧。

　　2. 重构型任务：在制作这个模型的第一部分时，她需要做一个正方形，接着，把它们组成立方体的结构。现在，她新奇地用这个工具制作一个完全不同的、金字塔状的结构，但仍旧使用已有的技能把泥土压平，捏成自己需要的形状和厚度。

　　3. 丰富型任务：显然，她原本认为两个三角形足够用来做成一个屋顶，这说明她在尝试把早期的学习用到新的情境中。此时，她发现实际上需要四个三角形，从概念层面看，这是借助黏土的造型建立三维结构的概念的有效方法。

　　4. 实践型任务：她正在加强自己的技能，重复之前习得的操作程序，因而，当她发现还需要两个三角形时，她能迅速地应用已有的知识和技能解决问题。

5. 修正型任务：经过一段时间的摸索，贝丝修正了她原先对工具的性质，结构和要求的理解。

当然上述的例子是否正确，是否可接受，取决于读者从哪种角度解读之前的游戏情境。如果哪两位读者能进行相互对比，可能会发现彼此的想法存在很大的分歧。

对于儿童游戏的观察，不同的读者之间、作者（观察记录者）与读者之间的分歧，将对教师的决策有一定程度的暗示作用。在幼儿游戏时，做开放性的、非结构性的观察记录，可以收集到大量的有关儿童发展、进步、态度、社会化等方面的信息。但是，这种记录无法整理分析成有效的数据资料，原因在于它是一种纯粹的数量分析，且缺乏结构。因此，在观察前确定所要观察的内容是非常重要的，一方面是为了节省时间，更重要的是可以加强观察的目的性，从而获得更多的有关儿童进步情况的资料。然而，事先决定观察主题也有一个弊端，即导致人们仅仅注意他们想要看到的内容，金（King，1978），德斯福吉斯（Desforges）和考科本（Cockburn，1988）明确强调了这个问题。因而，教师和成人必须明确儿童游戏的基本目的和学习的目标，否则，我们如何知道需要观察什么？再者，如果没有从观察、数据收集，以及对游戏价值的评价中找到证据，我们如何让别人相信我们的工作？只有当我们完全理解儿童对活动和任务的反应时，我们才能做到这一切。卡尔瓦布尔（Kalverboer，1977：121）在其研究中明确指出：

游戏蕴含着儿童发展水平、组织能力和情绪状态的最重要的信息。要确保这些信息有用，进行分类和测查是必要的。

教师和成人不得不承认，课堂中存在一部分草草设计的游戏，其目的只是让儿童娱乐和放松。教师们应该问自己（请如实回答）："游戏的目的是什么？"如果诚实的答案是为了在教师组织小组活动时，使儿童受到控制并保持安静，那么，这表明教师对于学习的期望、结果，尤其是对游戏的认识是如此愚昧，这是何其的危险。如果游戏的目的是想要一个学习结果，那么我要问这个结果"是什么？"儿童需要从教师那里得到什么样的引导？然而，学习结果与儿童当前的发展水平、成熟水平以及处理学校生活问题的能力高度相关，因而，对于不同家庭背景的儿童有不同的要求。如霍尔德威（Holdaway）所指出的，教师应当运用自己的专业知识和技能衡量自己的决策，应对如下内容进行思考：

发展性学习是受学习者自身控制和调节的，是对其敏感的内在控制机制的反应。这个调节机制可以自发检测出学习的退步（一般情况下关注儿童进步的教师很难预测或把握这一情况）。

游戏的螺旋模式把退步与进步同时在螺旋圈中表示出来，班尼特（Bennett，1984）的学习理论则把联系和改进纳入其理论框架中。早期教育课程为游戏和学习提供了作用的载体，现在我们转入对这个问题的探讨。

课程的目标和目的

地方教育当局和学校的政策、大纲的总体要求指出，教师有责任为本班儿童提供一切必要的支持。教师必须有高度的责任感，这是英国教育系统的一个优点（Davis *et al.*，1986）。游戏既是一个过程也是一个模式，正常的课程应采用游戏教学，但是需要重申的是，如第六章所述，游戏本身并不是一个课程。尽管儿童有必要了解游戏的材料、功能、特性以及游戏的名称，需要操作游戏及在游戏中合作的技能，但游戏只是儿童学习不同课程的工具，它本身不是一门课程。我们必须观察、评价、记录儿童所在的任何"领域"和发展阶段的游戏。

凯瑞和托利特（Kerry and Tollitt, 1987：121）指出，幼儿教师不应该采用以概念为基础的主题课程，应该询问自己"我要为儿童提供什么"，而不是"5～7岁的儿童今年应该学习哪些技能和概念"。我很赞同这一观点，目前，国家课程不仅适用于5岁儿童，而且也对4岁儿童的教育有深远影响。早期教育教师应当认真思考如何实施整合性的课程（HMI的许多报告都极力提倡），它应该纳入儿童所有的发展内容、早期学习的理论模式以及应该结合的学科范畴。

正如前面强调过的，当一名幼儿教师确定了某一教学主题时，在为游戏和学习提供准备前，应当问自己如下几个问题：

- 我准备为孩子提供些什么？

- 为什么要提供这些帮助？

- 儿童将从哪里开始？这个主题能够帮助儿童重构、丰富他们的知识吗？能否对已有知识进行练习和复习？

- 我的计划是否符合学校的要求？

- 该主题涉及的基础概念有哪些？

- 我希望孩子们会获得哪些技能？

- 该主题应涉及哪些学科领域？

- 我的教学方式是任务型、活动型、自由游戏还是引导游戏？

- 我需要提供什么样的材料？

- 我自己是否了解和理解这些材料？

- 如何组织课堂？

- 孩子的个别需求能否得到满足？

- 我所做的事，能否真正引起儿童的兴趣，激发其动机，使其受到鼓励？

- 我如何监督和评价儿童的行为、学习结果及其对任务的态度？

- 针对个体、小组和班级的观察该如何进行？

- 我需要记录些什么？

通过对以上问题的简单思考，教师将非常明确如何评价、观察和记录儿童的行为、学习以及进步。在考察"进步"的概念及其与游戏、学习、课程这三个领域之间的关系前，有另外几个问题需要说明。

伍德赫德（Woodhead，1988）提醒我们，儿童在学习中有自身的优先选择。敏锐的教师往往了解学生，而且会根据学生的这种潜能调节自己的教学。尤其是在儿童游戏过程中，教师应该在为游戏做准备时考虑到儿童的这种学习特点。另外，有一点特别需要注意的是，幼儿在游戏中如此聚精会神，这是很消耗能量的。教师为幼儿提供的"工作"，可以兼具挫折性与挑战性。此外，和成人一样，幼儿在进行脑力活动的过程中也需要休息，具体方式可以是简单的坐下放松，也可以是通过停下来休息或开展大肌肉活动来进行调节。幼儿教师的确要把每件事都安排好。

图片 10　儿童在游戏中如此聚精会神，这是很消耗能量的。

有时候，教师要保证自己工作的客观性是非常困难的。不同的班级情况将诱发教师的不同情绪状态。同一个班级，或许会在第一年表现出令人满意的凝聚力和社会意识，而之后几年却表现出独立的学习和游戏特点，以致合作学习不易发生。也许，再过一段时间，孩子们又自发地形成同伴游戏团体，而这种团体对教学组织有利有弊。无论遇到哪一种情况，教师都应保持冷静，分析这些现象产生的原因并寻找应对的策略。

　　了解你的教学资源，尤其是游戏材料，是非常重要的。他们真正为儿童提供了什么？你对各种资源的潜在价值是否有充分的认识？你能为儿童提供更多的挑战性游戏吗？柯克尼斯（Kirkless）的《幼儿教育大纲》（1985）中罗列了一系列相当典型的游戏材料和资源，这些材料和资源是由幼儿教师分析整理出来的，目的在于挖掘他们在辅助儿童的发展和学习方面的潜能，因此，这类材料被称"发展性材料"。许多教师和幼教工作者在为儿童提供材料时，都希望能有一份可供参考的清单，上述的材料清单在这一点上为教师提供了一定的指导。教师常督促实习生，对材料及活动进行如图7.1所示的分析。通过这样的分析，他们往往会惊奇地发现，只要成人具备相关的知识，即便是简单的材料也可以为幼儿提供丰富多样的学习。

什么？——说明活动内容 ……………………………………………………

谁？——说明某个年龄组的儿童 …………………………………………

　　儿童数量 …………………………………………………………………

目的是什么？——评价者应该指明该活动在促进儿童发展和学习方面的目标和潜能，包括它对以下所有（或部分）领域的学习和发展的影响：

社会性——交流（口头的/非口头的）

　　　——友谊

　　　——分享和轮流

　　　——合作

　　　——角色游戏 ……………………………………………………………

智力——概念

　　　——观念

　　　——思维能力、推理能力、好奇心

　　　——决策/问题解决

　　　——事实/知识 ……………………………………………………………

生理/心理的活动——精细/粗放

    ——操作

    ——协调

    ——空间意识 ···

情感/道德——儿童的个体反应

    ——对情绪的控制

    ——对他人的敏感度

    ——自我观念

    ——享受

    ——对事物的关心和尊重 ····································

审美——创造力

    ——塑造

    ——表达能力

态度/动机 ···

个性/人格 ···

行为 ···

对儿童认知的挑战 ···

专注 ···

保持和运用的潜在的困难 ···

图 7.1　游戏材料和活动的评估

最后要强调的是，儿童需要时间，他们不仅需要时间思考问题（贝丝在这方面花了很长时间），而且也需要时间提出问题，并记住有关的信息。唐勒（Turnure，1976）的一项研究发现，当向儿童呈现某一事物时，那些能针对该事物提出自己的问题的儿童，能在随后测试中多次回忆起与事物相关的许多内容；而那些纯粹接受该事物信息的儿童，则无法做到这一点。这对我们的传统教学有很大的启示。正如艾米（Almy，1977：206）所指出的：

传统课堂中的教师，花大量的时间告诉儿童世界是什么样子，并通过提问考查儿童是否记住所传授的知识。皮亚杰的理论似乎更希望教师是一名倾听者。

进步

人们经常谈及进步，但是，对其含意却很少予以明确说明！《牛津词典》对进步的定义是，"朝着某种更好的状态发展、前进"。或许，儿童的进步中"更好的状态"需要解释，不能仅仅理解为"已有的经验"，它应该涵盖了更多的概念、知识和技能方面的发展。

进步这个词，无论如何定义，通常都是一个概括性的术语，如果把它视为长期目标和短期目标会更好一些。从长期目标看，进步即是儿童的发展。正如儿童在经过大约 1～2 年后学会走路和说话一样，在一个正常的环境中，他们将继续生理的发展、成熟和发育。这部分的进步，除了正常的生理和情感需要外，几乎没有其他的需求。至于技能方面的进步，与儿童的发展关系很大，但是，某些技能（如使用剪刀）则可能需要成人的指导，但是儿童可以在很短的时间内掌握它。成人不必因为要教儿童如此多的不同技能而感到烦恼，因为，儿童一旦掌握某种技能将有助于其他方面的学习，特别是独立性的发展。

在学校，成人必须心系儿童的全部发展进步，但是他们最最需要关心的，不应是儿童是否掌握教师所教的知识，而应该是那些离开教师的指导儿童就无法学好的必须而有用的技能。在教师的指导下，儿童将在应用知识和技能的过程中取得进步。

在贝丝（Beth）玩泥土的游戏情境中，她以前已学过楔入、碾平和切割泥块的技能。之后，她自发地使用这些技能去建构房子，这是一种明显的进步。此外，她原先还学习了正方形、三角形和四边形等几何概念，并且将这些知识选择性地运用于房屋和屋顶的构造中。她通过对泥土的使用，学到许多与之相关的知识。最后需要强调的一点是：儿童通过自己的亲身体验和操作，学习知识、习得经验。游戏的螺旋模式肯定这一点，也肯定了教师在游戏活动中适当的引导教学。重要的是，教师对儿童技能的指导应把握合适的时机，而这个

"时机"只有经过对儿童及其行为的仔细观察和了解才能捕捉到。

正规学校一学年的 9 个月中，4～8 岁的儿童应该在以下几个方面取得与其年龄和发展阶段相适应的进步：

- 身体发育；
- 精细运动和大肌肉运动的发展；
- 智力发展（包括概念、知识、理解力和技能，如问题解决和处理）；
- 自我概念和个人技能的发展；
- 感知觉的发展；
- 创造力的发展；
- 社会技能以及独立性的发展；
- 一般生活经验和学习技能的发展，例如，坚持、集中注意；
- 道德发展；
- 沟通技能的发展；
- 情绪稳定性的发展。

很多文章对上文概括的这些发展领域进行了详细透彻的分析，如果读者想深入了解这部分内容，这些文章将有很大帮助（Gessell *et al.*，1973；Curtis, Wignall, 1981；Bee, 1985）。此外，贝特（Bate *et al.*，1982）等人编写的一些测验题目中，蕴涵着许多心理学家提出的用以指导人们评价、记录儿童发展的信息。教师并不需要用那些题目测试儿童，只需参考其中一些具体内容。儿童的某些发展特质非常明显，例如，体重和腰围等生理方面的增长。其他的不明显的特质，则必须在班级里对个体进行定期的仔细观察，才能看出其中的差别。

毫无疑问，儿童短期的进步，是与具体技能的学习和信息的积累相关的。图 7.2 中的分类矩阵图反映的是，以"蜘蛛"为主题的活动中，儿童发展的长期目标和短期目标之间的联系。

个别教师（尤其是那些常年教授同一年龄段儿童的教师）可能会

发现，要指出整个初级学校教育的 4～5 年中儿童的进步情况，是件很难的事。出于这个原因，应该让所有幼儿教师在一起挖掘主题活动和个别材料、活动中蕴涵的教育价值。这种活动可以周期性的举行，尤其是如果教师们能采取全校性的讨论方式，则可以对概念、知识、技能等进行集体讨论。同样的方法可以应用到教学资源上；如此一来，就可以避免产生"蝌蚪综合征"。"蝌蚪综合征"所指的状况是：从儿童入学起，每年都让他们观察卵子、蝌蚪和青蛙，而不曾考虑随着儿童年龄的增长侧重点应当有所不同。儿童虽然喜欢蝌蚪，但是他们对蝌蚪的认识并不会随着年龄和成熟度的增长而增加。每个新的学年，教师都应当思考与儿童的理解能力相适宜的内容有哪些。

概念 技能 过程 幼儿	概念1 恐惧	技能1 小心应对	技能1a 学习特点	过程1 观察	过程1a 解释	概念2 黑色	技能2 观察绘画	技能2a 颜色混合	过程2 比较	过程2a 预测	概念3 网	技能3 编织	技能3a 编织活动	过程3 解释	过程3a 即兴作品
幼儿 A															
幼儿 B															
幼儿 C															
幼儿 D															
……															
……															

图 7.2　"蜘蛛"主题活动中概念、技能发展的分类矩阵图

注：概念、技能和过程之间出现重叠是很正常的，至于哪些内容将被记录下来，这很大程度上取决于教师个人的选择，但肯定不会超出教师的理解范围。如果把这个表格的内容再具体化一些，那它将与图 6.1 的局部非常相近。

这里列出的概念、技能和过程形成了一个或短或长的表单，其具体长度取决于这个矩阵图使用的时间范围。如果教师能先把主题活动中可能发生的事罗列出来，然后再细化成便于在班级中使用的小的矩阵图，那她将会发现这个图表对其工作非常有帮助。

图 7.3 用于指导教师把握儿童在主题活动和材料使用方面的进步；而图 7.1 则用于指导教师评估自己选择的材料和活动。

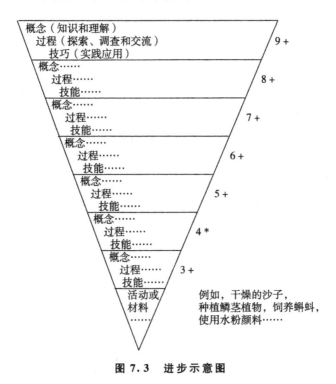

图 7.3　进步示意图

注：无论哪个领域的学习，教师都应该根据儿童的发展水平、已有经验和理解能力选择相应的教学内容。

* 《国家课程标准》的第 5～16 条是数学和科学方面的内容，很适用于此。

观察

教师几乎单凭直觉，就能知道教室里发生了什么，谁和谁在一起做什么等。但是，仅凭直觉只能对教室情况有一个大致的了解，如果要完全了解个别儿童的需求、期望和学习需要，则必须进行精确的观察和进一步的调查。

教师不应把站在一旁观看和回应儿童的活动当成一件羞耻的

事。事实上，这是教师工作的一个重点。以前的幼儿教师，认为教师的工作在于自始至终完全地投入教学，以致忽略了对学生的观察。这种情况下，教师只和学生进行短暂的、表面形式的互动，以致教师从不了解个别和小组儿童的学习情况。除了观察，教师应顾及的主要是下列几点：

1. 有效的课堂管理和组织，并鼓励儿童自治；

2. 所提供的活动有趣并适合儿童的需求；

3. 儿童知道并期望成人偶尔与他们保持距离；

4. 当儿童不应该发表意见时，成人以某种信号作为提示（例如，递上一个特定的笔记本，戴上一个徽章或帽子）。

根据不同的目的，观察的方法也可以千差万别，对幼儿教师而言，最有用的方法已在图 7.1 中给出。

观察什么

幼儿园总是为儿童准备了各式各样的游戏材料和活动。教师必须了解的基本情况是，一天的各环节中幼儿所选择的游戏活动有哪些？即便是在一个已经比较常规化的幼儿园教室，也应当对幼儿所选择的活动进行适当的监督。教师可以采用名字卡片的方法做到这一点，例如，为儿童准备一组写着自己名字的卡片，在每个活动区挂上袋子，当幼儿选择该活动时，将一张名字卡片放在袋中。另一种简便的方法则是，在班级的各种设备上贴上幼儿的名单或照片集，以打钩的方式记录幼儿的活动。例如，在墙上或者在积木箱子上贴上名单，当幼儿选择该活动时，在自己的名字上打钩。教师自己也应准备教室的平面图，如图 7.4 所示：以便记录一天中儿童在哪个区域活动、做什么。通过这种记录，教师很容易发现，某些儿童总在做相同的一两个活动，而另一些儿童则常更换自己的活动。

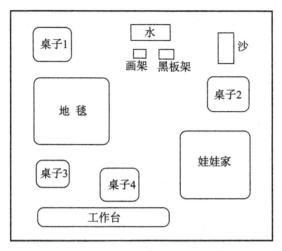

图 7.4 为记录活动及幼儿的参与情况用的班级平面图

表 7.1 班级观察的有效方法与目标

观察类型	主要目标
一般的、形式化的"掠过"	对教室的整体感觉。确认材料和空间是否适合儿童的需要。寻找不合群的儿童以及可能导致干扰的事件。这类观察可以在事先安排的时间进行。
全班扫描	看看所有孩子在做什么,数数进行某些特殊活动的儿童的数量。这个也可以在事先安排的时间进行。
全天的扫描	观察儿童进班和离开的情况,进餐活动是如何组织的,体育活动情况等。教师记录特定时间发生的特殊事件。这对教师总结当日工作时有很大帮助,例如,了解儿童如何有效保存绘画作品,如何整理他们的抽屉活动场地,如何离开活动区。
个别活动的观察	如果活动受欢迎,看看参与者都有谁?能持续多长时间?儿童的动机和注意情况如何?该活动对幼儿互动有何影响?评价儿童的活动方式,了解是否有儿童不愿参与。这可以是连续记录,也可以是临时抽查。

续表

观察类型	主要目标
个别儿童，个别活动	密切观察一个儿童，了解他/她对自己所从事的特定活动的理解和需要。是什么影响和干扰了儿童的活动，游戏是高质量的吗？游戏是如何结束的？儿童是自言自语还是和别人交谈？游戏的内在质量如何？
从事不同活动的某个儿童	跟踪儿童，可以是持续的，也可以是在事先安排的时间内进行（时间的选择取决于教师想发现什么），在任何一天或一周对其行为、注意、互动、任务完成情况进行评价。
同一活动中的一组儿童	观察了解幼儿之间的互动情况，他们是合作、分工，还是独立完成工作？用了什么语言，是谁在用，用了多久？小组工作进展如何？
友谊小组	通过扫视所有活动，记录谁和谁能够合作。这种友谊关系出现在很多活动中，还是只体现在个别活动上？它能维持一个阶段，还是只是一天或者一段时间？
儿童表现出的特定概念或技能	观察一个或几个活动，看看儿童在其中表现出哪些特定的概念或技能，记录个别案例。
目击的具体行为	留意教室里发生的冲突。谁挑起的？谁间接参与？在什么时间，什么情况下发生？是怎样解决的——是儿童、教师还是其他成人解决的？
教室中的成人	观察成人多长时间与儿童互动一次，采取何种方式，如何干预儿童的活动？这种互动的性质是什么？成人如何参与互动的——经幼儿邀请，还是直接介入？成人是游戏的一部分，还是游离于游戏之外？

注：作为研究的基本步骤，某些目标要求教师预先设定期望，以确保自己知道想要观察什么（参见 Croll，1984；ch.2）。

有些儿童因专注于某一特定形式的活动，而牺牲其他活动及学习的机会，教师必须了解这些儿童的内在想法，这是非常重要的（有时候，儿童会因情绪的原因，坚持一项活动，这将在第八章中讨论）。了解儿童怎样游戏，与谁游戏，其态度与动机如何，这也是非常重要的。教师在确定观察时间时，应当考虑到儿童事实上做了什么，他/她通过特定的游戏活动获得了什么（例如，新技能、掌握旧的技能、交流、享受、坚持）。说到进步，极为重要的问题在于，儿童发展的方向何在，他们现在需要学习什么，这些可否通过引导游戏实现，儿童还需要什么，我们的目标是什么——复习、练习、还是其他的什么？如布瑞尔利（Brierley, 1987：22）所指出的："最初的技能学习是缓慢的，需要不断地重复。完全建立起来以后，它将成为人们独有的行为模式，它最大的特点在于其持久性。"

　　儿童游戏、任务和学习的质量是极为重要的。为了保证这种质量，教师应当把课程原则（前一章及本章开头均提到过）牢记在心，并时常回顾利用观察表捕捉到的事件。此外，我们还强调过，教师有必要了解活动的资源和材料，及其对学习的影响。

　　教师在观察的过程中，还应当对以下问题的答案进行反思：

　　1. 哪些材料和活动：

- 是目前最经常使用的，为什么？
- 有助于拓展游戏的范围和注意力？
- 有利于儿童的自主性和独立性？
- 鼓励儿童与同伴、与成人交谈，并维持一定的交流？
- 引起对活动结果的最多的讨论？
- 激发合作游戏和合作学习？
- 引发单独的或者平行游戏？
- 最有效地形成协调、操作、想象与创造技能？
- 发展有关数学、科学、技术、环境、地理、历史、宗教和审美的理解力、价值观和知识？

- 最大限度地鼓励儿童认真开展其游戏，运用他们的想象力、技能和知识，坚持不懈、细心地解决问题？

- 最能鼓励幼儿运用多重感官的方法学习？

- 激发儿童探讨道德与情感问题？

- 可能导致儿童较多的攻击性或不适宜行为？

- 当成人在场，或者介入的时候，似乎更受欢迎？

- 对特定的主题最有效？

2. 男孩和女孩在选择资源和材料的时候有差别吗？原因何在？

3. 儿童选择自己需要的材料和活动吗？他们能很容易找出并归还吗？

4. 儿童是否追寻某种特定的想法，能否在任何时候超越材料和活动的范围迁移自己的学习？

对系统的观察及其目的、范围和优缺点感兴趣的读者，可以向科洛尔（Croll，1984）咨询相关的内容。

记录的保存

随着观察的进展，教师可以把观察记录整理成长期观察和短期观察两类。教师还可以一边和幼儿互动（不论是否有其他成人分担工作），一边记录个别幼儿或是全班的活动情境。例如，尽管儿童可能在几秒钟内就掌握了特定游戏材料的名称，习得某种技能或构造某个模型，但是，态度的变化却是相对比较慢的。

成人需要明确的是班级记录的目的，以及其中最有用的内容，学校和当局都有权决定谁能保存和使用这些记录。表 7.2 和表 7.3 分别讨论我们为什么要做记录以及这些记录的内容和目的。

表 7.2　记录的保持：为什么要做个别记录/档案

1. 记录儿童以下几个领域的信息：
   （1）智力，例如，语言、数学、科学，问题解决，对概念和程序的理解。
   （2）创造力与审美意识的发展。
   （3）社会性和道德的发展，对工作和他人的态度。
   （4）情绪情感的发展以及独立性。
   （5）身心发展。
   （6）健康问题、残疾、言语、视觉、听觉等。
   （7）特殊的兴趣和天赋。
   （8）家长参与/态度。
2. 记录儿童在一系列的主题和课程中的获得、进步、困难和需求。
3. 注意个体的发展。
4. 帮助教师确保引导游戏及其他形式的教学适应儿童的需要。
5. 指导教师为每一个或每一组孩子选择合适的游戏和任务。
6. 让往后的教师能够更好、更快地了解和理解"新一批"的孩子。
7. 为下阶段的研究或相关机构提供一份详细而全面的资料，例如，儿童福利中心、医疗工作者、儿童心理学家等。
8. 使学校工作人员，通过每个儿童和班级的详细信息，对学校的需要有更深入的了解和领悟。
9. 为家长传递准确、及时的信息。
10. 使教师对将要和她共同相处的儿童有迅速的了解。

表 7.3　记录保持：内容和使用

* 记录应该在调节学校工作，促进个体儿童长期的发展、能力和进步方面发挥作用。

* 记录应该帮助校长知道学校教学有什么需要。

* 记录应该能够反映个体儿童的知识。

* 记录应易于完成。

* 记录应当定期地进行——可以一学期一次，给儿童进步和发展的时间。

* 记录可以包含一些等级评定或者其他内容，能显示儿童在其他特定领域所达到的水平。

可能的内容（除了图 7.3 列出的）：

1. 儿童的名字、地址、生日、家庭位置，白天在幼儿园与他人的接触等。

续表

2. 个人情况，例如，单亲家庭、家庭背景、健康记录等。

3. 日期/评价结果和测试（标准化测试和一般性测试），保送到其他机构等。

4. 通过学前教育经历、游戏小组、托儿所，使儿童获得进步。

5. 儿童生活中的重大事件，例如，生日、亲人亡故等。

6. 为教师打开自由评论空间。

7. 每个阶段的主题活动以及它们的重点。

8. 有关孩子正式的或来自校外机构的报告。

9. 负责这个孩子的教师的名字、记录日期。

10. 记录中关于孩子进步的实例（说明名字、日期并做出标记）。

应当思考什么样的记录不应该做！

记下准确的进步！了解儿童现在的需要或潜能是非常重要的。

　　无论是哪种形式的记录，其目的之一必定是为了告诉教师，在她执教的那段时间，她具体应该教些什么，应该让孩子在学习和发展上取得哪些进步。但是，要确保有效的观察以促进儿童的学习，就必须对观察记录进行发展、完善和分析，而这些工作给教师带来很大负荷。这实在是一个两难问题。莫伊蕾斯（Moyles，1986）曾提到她的学校是如何解决这个问题的，她认为教师可以通过以下几种方式获得简短、可行的记录：

　　1. 在学校政策和工作计划中，阐明儿童长期的学习目标和技能发展，该计划已考虑到儿童发展的需要。

　　2. 从个别教师开展的主题活动中，找出儿童应掌握的主要学习技能，并整理成班级记录表格（如图7.2所示）。

　　3. 将特别的活动记录整理成幼儿的个人档案，请注意，只记录那些特别值得注意的事（一般发展不做记录）。

　　上述的最后一项，既可以是对幼儿活动情况的记录，也可以用照片和录音带代替，例如，拍摄一些典型的活动情境、能证实幼儿的进步的情境。随着摄像器材的价格逐渐便宜，操作方法也日益简单，这将成为另一种记录的工具。

幼儿姓名：　　　　　　　　　　　　　　　　出生年月：

	托儿所			第一年			第二年			第三年		
学期	1	2	3	1	2	3	1	2	3	1	2	3
社会性交往												
容易与人交往												
中等												
几乎没有朋友												
孤独												
内向												
寻求成人关注												
对成人友好												
与成人保持距离												
性格												
很成熟												
中等												
不成熟												
良好的幽默感												
中等												
严肃												
能很好地集中注意力												
偶尔走神												
注意力涣散												
坚持性												
坚持性好												
坚持性中等												
喜欢偷懒												
容易放弃												
态度												
自信/乐观/积极												
安于现状、被动												
沮丧												
自信独立												
经常寻求帮助												
依赖成人或同伴												

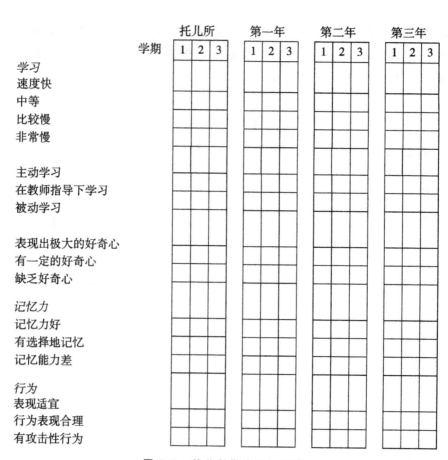

图7.5 幼儿长期发展记录表

注：还可以增加"特殊才能与兴趣"的内容，以显示儿童的动机和兴趣的转变。这一内容可涉及图书/阅读、写作、结构性玩具、拼图、画画、手工/模型制作、缝合、音乐、运动、游戏、游泳、特殊游戏等。

图7.5呈现的是一份有效地记录幼儿长期发展变化的表格，如果读者认为需要增加某些可能的项目的话，可以直接在表格后头补上。记录的方式是，从托儿所开始，衡量幼儿园对孩子的期望及其表现，在相应的方框中打钩或涂黑，理论上讲，当完整的表格形成时，幼儿的表现应逐年呈上升趋势。但是，偶尔也可能出现记录结果与预期不符或者相反的情况，这就需要教师分析其中的原因。例

如，幼儿原来在幼儿园与同伴相处融洽，入小学第一年时却变得孤僻，这或许是因为新的环境使她产生了不愉快的情绪。再如，已经有两年学校生活经历的儿童，突然某学期末不再如以往那样专注于学习，这可能是家庭出现了问题。这些发现恰恰有利于老师进行调查。

这种核对表的好处是可以有效记录幼儿具体的发展和学习的变化，但是，无论对于记录者还是参看者而言，它都有些冗长。其中的一个问题是，它更多的是记录幼儿发展中很小的进步。例如，系鞋带的能力，虽然，这对幼儿独立性的发展很重要，它是幼儿生理发展、肌肉的精细活动和协调能力的象征，这些几乎都能同时在表中得到体现。但是，由于关注这些小的、零碎的技能发展，幼儿的普遍发展就被忽视了。还有一些核对表极为有用，例如，某些表格引导教师专注于特定的观察本身，随着教师观察技能的提高，她将越来越清楚自己需要注意的事项。本章中提出的一系列问题，有助于教师更好地明确和理解观察记录方面的知识。此外，斯皮尔曼（Shipman，1983：74）提醒我们：

完成学校记录的时间和花费在查阅这些记录上的时间是不一致的……我们需要注意的是，完成记录工作的是那些非常了解儿童的教师，但是，之后对记录进行解释的却是另一些并不了解孩子的人。

优秀的记录，既简短又清晰且有深度。教师不需要记下所有的事情，也没有时间这么做。如果全校教师能共同努力，那么她们将取得最大的进步和发展，她们的学习和记录将是最有效的。同事之间的合作也有助于保证成人对幼儿的评价的客观性。最后，请看图7.6所示的《毕业生的托儿所档案》的内容，这样一份由托儿所教师整理的文件，将为以后想要了解这个孩子的幼儿园教师提供极有价值的参考。试用表 7.4 或你自己列的提纲，检查你的记录是否有使用价值，是否有一些你想要筛选、增加或更改的地方。

幼儿姓名：罗伯特（Robert）　　　　　　　　年龄：4 岁 10 个月

	1	2	3	4	5	注　释 （日期、起始时间）
动作发展						
安稳地跑					√	喜欢它
自如地攀爬器械					√	
轻易跳过小的障碍物			√			
准确地踢球			√			
会骑三轮车		√				协调得不怎么好
双脚跳		√				
短暂的单腿直立	√					
准确地投球		√				
盘腿坐					√	
单脚跳	√					
踮起脚走	√					
双手接球		√				同上
正确地握笔		√				
一页一页地翻书			√			
串珠子			√			
正确地使用剪刀			√			
倒水时不溅出		√				
用木块搭塔				√		并且把塔拆掉
准确地复制形状		√				
准确地匹配形状			√			
画出可识别的图形				√		
准确地描画轮廓			√			
完成25块的拼图		√				

等级

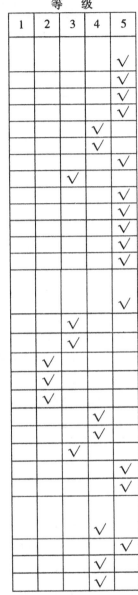

	等级					注释
	1	2	3	4	5	（日期、起始时间）
交流						
专心地听故事					√	
学习儿歌和诗词					√	
听简单的指令行事					√	
口齿清晰					√	
完整地表达句子				√		
参与讨论				√		
陈述简单的事物					√	
正确识别颜色			√			
与同伴交流					√	
与成人交流					√	
能区别姓氏					√	
能说出自己的名和姓					√	
知道自己家的地址					√	
社会性发展						
与成人建立良好关系					√	
与同伴建立良好关系			√			
帮助打扫卫生			√			
自己穿/脱衣服		√				
扣/系鞋带		√				
扣衣扣/拉拉锁		√				
与同伴游戏				√		
玩有创造性的游戏				√		
开展幻想/想象游戏			√			
参与比赛					√	
自主选择活动					√	
情绪情感发展						
长时间集中注意				√		
自信地完成任务					√	
良好的动机				√		
根据情况采取适宜行为				√		

图 7.6　托儿所毕业档案

分为"1～5"五个等级其中 1＝差，依次至，5＝优秀。

表 7.4　评估一名儿童的需要

图 7.6 呈现的是一份由托儿所教师整理的、一名即将升入小班的孩子信息。

如果你是幼儿园小班的教师，你将为图 7.6 中的幼儿做哪些准备以促进其发展？请按以下标题，列出你的想法（当然，你也可以用自己的话概括）。

语言

科学

数学

创造性

身体的

社会性/情感

主题学习

接下来，请思考以下问题：

1. 你是否获得一份很好、很全面的有关这个孩子的信息？

2. 它对你的工作是否有帮助？

3. 你是否需要更多/更少/不同的信息？

4. 这些不同条目中所包含的内容对你有帮助吗？

5. 图 7.6 中是否有可以省略的内容？

6. 在这个过程中，你认为是什么使记录在①评价儿童需求，②让教师了解儿童学习需要两个方面发挥作用呢？

评价与测试

课堂中的评价多数是自发的而且是仅凭印象的（Shipman，1983：14）。其目的在于让教师更好地了解个别学生，当然，也起到激发、鼓舞、评价和赞扬儿童的作用。儿童的情况只有很小一部分会被记录下来，以服务于不同的人们，例如，家长、其他教师和地方教育当局，而这些都必须以评价为基础。回顾前面的游戏情境，我们将如何评价贝丝（Beth）的进步？我们可能会相当准确地说，她理解了"三角形"的含义，并且能有效地把这个形状运用到它的屋顶的构造中，从而显示出在不同的情境中进行知识迁移的能力。由于其他儿童不曾想到这样的屋顶形状，因而，这是她创造性解决问题能力的表现。从游戏螺旋圈看，这一切均发生于探索游戏和引导游戏之后，处于在贝丝第二次玩泥土的自由游戏阶段。正如前面已经提过的，儿童为完成自己的活动所做的事，对教师而言是很重要的信息。它能帮助教师了解：孩子们真正学到了什么，为了达到自己的目的和结果他们会做些什么。

评价包括总结性评价和形成性评价两类。引导游戏中的干预即是一种形成性评价方式，干预发生于对自由游戏的观察之后，目的在于拓展儿童的行为表现和学习，并为儿童提供帮助以促进其进一步思考。总结性评价则不一样，它是对某种活动结果进行的评价，例如，贝丝成功地做完了她的黏土屋顶。当屋顶给贝丝提出新的挑战时，教师能预测到她的反应吗？答案或许是否定的，但是教师不得不承认，贝丝已经学会如何应对挑战。

一般来说，总结性评价提供的是有关学习者已经取得成就的信息。相反，形成性评价是一种诊断测试，其作用在于让教师了解还需要为儿童提供哪些学习机会。游戏情境中一般不会有正式测验，但大部分儿童游戏都会产生一个作品（例如，一个模型、一幅画、一种角色或者一个口头的故事），实际上，教师可以从儿童的这些游戏成果中，了解其学习情况。这样一来，教师自然会思考下一步的引导游戏该如何开展。于是，游戏的螺旋模式将继续下去。

评价儿童的坚持性和注意力等特质也是非常重要的。阿姆斯壮（Armstrong）认为儿童在活动中的专心致志是最能体现儿童及其学习特点的因素，他说道：

有时候儿童是认真的，虽然是在"玩"……而且就是在这个时候，儿童表达出最多的自我、思维品质、智力以及维持其智力增长的能力。（Armstrong，1980：9）

由于评价往往是很主观的，因而，如果教师能时常将自己对儿童活动的评价与他人进行对比，将有助于确保评价的客观性。事实上，评价和测验任务小组（TGAT）建议，教师应当修正他人的评价。这不是在作秀，而是为了确保不同学校和教师的评价标准的一致性。图7.7和表7.5所列举的活动可以帮助读者理解如何进行评价的修正。

图7.7 贝琳达（Belinda）通往学校的地图

出乎意料的是，儿童往往是他自己学习的最佳评价者和测试者。有时候他们会对向自己或他人证明他们掌握了某种特定的活动或材料而感到厌烦。对儿童的学习进行评价时，最好能和儿童进行个别交流，以获得有效的信息，特别是有关其概念、知识和已有经验的信息，然后再辅以观察和详细的记录，这样才能够对儿童有全面的了解。出于各种原因，有些儿童有表达困难，无法表达自己知道的东西。一般情况下，成人可以通过了解他们的活动成果和过程进行评价（参见 Duncan and Dunn，1988，对小学的教学评价和测试的完整解释）。

表 7.5　对贝琳达画地图活动的评价

背景信息

经过几次简单的画地图活动，教师给贝琳达（以及和她一组的孩子）布置了一个任务：画出她从家到学校的地图。图 7.7 即是她努力的成果。

首先，请阅读下文所附的信息，然后决定在 0～5 五个等级中，你认为这个孩子的努力属于哪个等级？

附加信息

幼儿姓名：贝琳达·史密斯（Belinda Smith）

年龄：7 岁零 7 个月，幼儿园大班

在学校非常开心，注意力集中，学习认真

阅读：达到 8 岁多儿童的阅读水平

数学：达到 7 岁半儿童的数学水平

艺术能力方面：根据教师的评语，是中等以上水平，因为贝琳达非常注意细节

喜欢记录自己的活动结果

家离学校很远

你如何为贝琳达评级？在以下等级表中，标出你认为最符合孩子在任务中的表现的分数。

差　0　：　1　：　2　：　3　：　4　：　5　优秀

现在，把你的评价结果和另一位参与了这个活动的成人进行对比，结果如何？

结语

教师的作用对儿童有效的交流和学习非常重要，这并不是因为教师必定会教给学生知识，而是因为教师为儿童的有效游戏和学习提供了适宜的条件和环境。只有通过课堂中的密切观察、评价，以及对儿童的进步和发展的记录，教师才能看到学习的发生，才能知

道应该为儿童提供什么样的帮助。

提示：对游戏的观察和评价进行成人的解释将很危险。正如阿姆斯壮（Armstrong，1980：173）指出的：在游戏、玩具和想象的王国里，儿童才是专家。儿童将他们专家般的智慧运用于家庭、学校、街道和操场，已经远远超出了游戏的范围，而且还影响了植根于成人传统的、一般意义的课堂生活。反过来，有关文学、艺术、数学的早期体验也将会渗透在他们的游戏的内容和形式当中。

当读者思考本章内容时，会发现有一部分儿童是与众不同的，无论在哪个方面，这将是我们下一章讨论的主题。

第八章 游戏与特殊儿童

　　个体需求的本质在于，单一情境不足以满足其多样化的要求。因此，接下来要讨论的是一小部分的儿童，他们的个别需求在学校里已经成为事实。我们只是对"个别儿童"这一称呼做了改变，其实质还是一样的。

　　马修（Matthew）：6 岁 6 个月大，男，双胞胎之一，糖尿病儿童患者。母亲在 40 多岁的中年期生下这对双胞胎，出于种种原因，她相当厌恶第二个孩子，马修，他的个别特殊需求很复杂：他非常不自信，总是生活在他哥哥的阴影下。可是由于年龄的关系，很不幸他们被编在同一个班级。马修总是拿自己和那个较外向、看起来较聪明的双胞胎哥哥比。他从不参与任何游戏，总是孤单地以小汽车、小玩具为伴。疾病使他可能出现休克昏迷的状况，因而，任何轻微的活动他都无法参与。

　　维尼（Wayne）：第一天上学的时候，刚好赶上他的 5 岁生日，他以如下行为纪念这一天！这天一大早，他冲到开放的玩具架前，把所有的游戏器材、玩具、小工具、组合拼图以及其他小东西统统抓起来丢到地上，跳到这堆玩具上；接着，用一个很大的木质乐高玩具盒（当时是空的）打了另一个孩子的脑袋；后来才知道，在家里父母从不给他玩具，因为那是幼稚的，他们巴不得他赶快长大。几周以来，他的毫无控制及攻击性行为造成教室的极大破坏。然而，突然有一天，他发现了玩玩具的乐趣，也开始明白如果谁破坏玩具或是粗暴地对待它们，将会被取消玩的资格（他当时的反应当然是暴跳如雷），渐渐地缓和了他的粗暴脾气。但他仍然会对其他孩子有攻击性行为，尤其是在玩具的占有问题上。

贝琳达（Belinda）：5 岁 5 个月大，有严重的语言障碍，她的发音是如此的糟糕以至于人们认为她在讲外语！与她的母亲交谈之后，教师发现她的全家（包括父母亲以及三个兄弟姐妹）说话都很慢、发音也不清楚，导致家里最小的孩子形成这样的语言模式。游戏的时候，她努力尝试与其他孩子沟通，但是他们只是倾听、微笑和点头，没有给予任何回应；她最喜欢在娃娃家玩，愉快地布置丰富的环境，穿上她能找到的最华丽的衣服、高跟鞋，戴上宽松的大檐帽。

詹姆士（James）：8 岁 2 个月，肢体动作十分迟缓笨拙，曾经有一次学校请消防队把他从教室的椅子上拽出来！他是一个开心快乐的小男孩，常常因为操场上的一条小缝或是迈进教室的一小步而摔倒。不用说，他的学习相当迟钝与混乱，但是却蕴含着许多深度思考和创造力。由于行动不便，詹姆士操作建筑玩具显得十分吃力，但他总是坚持不懈地将它们拼成某些新奇的东西。他最大的快乐——也是老师最头疼的事，即在水槽区的实验，他总是"发明"各式各样的航空母舰，当然，也总是让水溢得满地。

丽莎（Lisa）：不到 4 岁，她已能参与成人的谈话，会读《时代》杂志，能带领访客参观学校环境并作介绍，她还能分辨所有的花草、树木、昆虫以及天气类型。她显现出特殊的语言天赋以及极好的辨音能力，她几乎是通过自学学会了演奏许多种乐器。她喜欢幻想游戏，总是发挥她丰富的想象力，为自己和朋友创造一种惊险离奇的游戏情境。

史蒂芬（Stephen）：一个 6 岁的混血儿，他称自己是"黑人"，喜欢画画，但总是以深褐色或是黑色为起笔，不论何时，只要受到挫败他就不断地咒骂；有时他会突然觉得在学校待腻了，于是溜到附近的商店，而且肯定要偷一些糖果、巧克力或是脆饼干。史蒂芬的口语能力极为优秀（常有精彩词句出现！），但是他的课业学习几乎全数荒废，体能游戏状况极佳，灵巧又能干。

温迪（wendy）：一个 3 岁半还会尿床的孩子，常带着悲伤的神情，红着眼睛，有时拖着一双味道难闻的鞋子来学校。一个人独处时，她喜欢玩沙水游戏，不停地画直线和曲线，只要当她独自一人时偶有其他孩子靠近，她会立刻蜷缩在墙角或桌子底下。

詹森（Jason）：刚满 7 岁，他常常黑着眼圈一跛一跛地来学校，对他而言与大人进行目光交流很困难，他总是避免接触他人，有时还会尿裤子直到其他孩子嘲笑他才敢说出来；游戏时，他总是很不安定，来回跑动，无法持续在一个地方待上一分钟，注意力和坚持性都非常差，最能让他保持注意的是角落里的熊宝宝，它是詹森的好朋友；他最终被列为"危险"儿童，其实他是与他同住一间卧室的两个哥哥经常欺负的对象，甚至是性骚扰的受害者。

大部分儿童都在合适的年龄进入托儿所和幼儿园，也很少儿童有真正的问题，除了那些在不正常的世界中长大的孩子。在儿童眼中，幼儿园总有容易相处的成人，为他们一日生活提供了一个安全的场所，还有大量的玩伴和游戏材料，在这里，他们可以探索自己与同伴之间、与成人之间、与家庭以外的环境之间的关系。但是，正如上文引用的个案所示，幼儿园也存在这样一部分儿童，他们的需求表明他们与众不同，在某种程度上是"特殊"的。然而，"特殊需要"（Warnock Report：DES，1978）这一术语包含广泛意义的心理和生理障碍，其内涵远远超出我们现在所说的内容。上述的几个孩子，据我们了解，表现出与其他绝大多数同伴不同的需求，针对这一情况，我们将要讨论的是儿童的"与众不同"的需求，而不是广义上的"特殊需要"。

深入了解儿童的个别需求，必然要寻找他们的问题与困难所在，但是我们决不能给孩子"贴标签"。哈格利瓦斯（Hargreaves）强烈指出"贴标签"的危险性，他认为"一旦老师将儿童贴上标签，此后这个标签就会一直跟着他"，此外，它还刺激人们预设儿童将来的发展状况。教师必须通过仔细、客观的观察，持续不断地回顾对这些儿童的印象，以便及时发现孩子的变化。只有当儿童的个别需求给其他孩子的学习、娱乐、专注等造成困难和障碍时，才算是一个大问题。例如，上述案例中的马修、丽莎和温迪对他们的同伴都不会造成任何麻烦，史蒂芬则可能成为儿童的崇拜对象，只有维尼给同伴造成一些困扰。

教师必须在班级这个社会大环境中，处理儿童的个别需求，这对教师是一个挑战，也是一个两难问题。然而，如布瑞尔利（Brierley）所指出的："这只是以不同方式对待不同人，并尽量做到最好"。学校与游戏的主要功能之一就是社会化，让儿童在学校和游戏中发展社会性是很自然且有效的。上述案例中的儿童在参与社会性游戏方面的能力有所不同，但共同的是：他们都在游戏中找到某种表达自我的方式，并且在一定程度上满足了自己的个别需求。更重要的是，教师可以利用每个孩子的游戏兴趣，促进其进一步的自我概念的建立，培养他们参与新的活动的信心，同时也促进其学习的发展。许多这样的儿童，如果过早地被迫进入正式学习环境，他们很可能会视自己为不受欢迎的个体，那么他们在与他人互动方面将产生长期的障碍。克拉克（Clark）经过长期深入的研究发现：

> 已经5岁左右的儿童，在接受正规教育之前的入学准备和数学读写等能力建构需掌握的相关概念方面，有很大差异。

了解儿童的能力程度实质上也对教师有帮助。如果教师提出太高标准的要求，而儿童无法达到，这是很糟糕的，会使教师有挫败感（Clifford，1983：283）。当然，应当尽量避免出现这种情况。

游戏既可以反映儿童的个别需要，也可以帮助成人了解儿童的问题所在。当某个孩子不断地在娃娃家里指责娃娃尿床时，这很可能是孩子现在或过去经历的再现，与家长交流将得到解释，且有助于问题简单化；其他情况或许没有那么简单，一个仓促的解释可能会导致误会，而且也很有害。例如，在解释儿童某种形式的虐待行为时，正如上述所提到的詹森的例子。当一个孩子异常粗暴地对待娃娃，人们很容易猜测：这个孩子曾经被打。然而，事实也可能是：这个孩子曾经在电视上看到这样的情境，或者这是他的内在挫折的外在表达。因而，重要的是不要仓促下结论。此外，还有一点同样重要的是，无论儿童以什么样的方式表达其个别需求，教师应监督其游戏过程，以判断这是个别事件，还是隐藏某些更严重的问题。

游戏还可以预防儿童身心问题的产生，因为游戏可以转移儿童的注意力，使之忘记不愉快的事情（例如，祖母去世导致的伤感），直到他具有理解并接受那些事实的能力。尽管，目前还没有研究能证明游戏对长期精神混乱的治疗作用，但是它在治疗儿童短暂的精神失调、精神混乱或障碍方面是的确有效的。游戏对儿童有极大的益处（Rutter，1982），因而，那些缺乏游戏能力的孩子（如维尼）是相当"可怜"的。

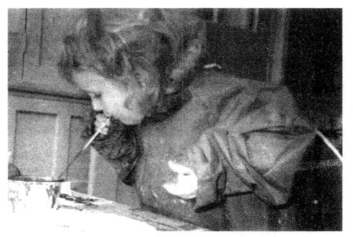

图片 11　游戏有其自身的内在激励，它是自发自觉进行的，而且始终伴随着愉悦感。

毫无疑问，对大多数儿童而言，游戏本身就是一种行为的动力——它本身就是一种褒奖、一种享受，儿童总是不自觉地进入游戏并乐在其中（Bronfenbrenner，1979）。那些不愿意完成学校作业的孩子，却很喜欢在学校做游戏，教师应当切实掌握对游戏的引导，以保证它能促进儿童的学习。如道森（Dawson，1985：4）所指出的："回应并满足儿童的个别需求，对儿童的发展是有深远影响的，它能防止其特殊需要的匮乏与加剧。"

成人的作用在于照料儿童而不是控制他们。虽然，我们也很反感那些不受欢迎的行为，但是，我们必须让孩子明白，无论他们做了什么我们都是关心他们的。我们不能因为孩子的错误或失败而否定其价值——即便教师自己也会犯错！儿童身上的问题往往不是单一的，例如，社会交往问题常常导致儿童对同伴的攻击性行为；学习问题也会引发行为问题，反之亦然。这些孩子特别需要我们的理解和关爱，才能健康成长。我们应当尽早理清、分析、了解并处理儿童的个别需求，以减少由于经常的失败、错误、不快以及友谊和自信的缺失对儿童造成的影响。

本章开头列出了一些儿童的个别需要，事实上，这些例子在许多学校是普遍存在的，有很多孩子都存在与其相似的问题、困扰和需求。另外还有一些则有待确认。图8.1列出了我所见过的最普遍的个别需求，表8.1则详细介绍了一些曾成功地满足这些需求的游戏情境。当然，目前也还有一部分儿童的个别需求，尚未找到解决的策略和方法，有待人们进一步的研究。

	1	2	3**
生理发展方面：语言发展迟缓*			
感知			
协调：精细/粗放活动			
缺乏自我控制			
总体不成熟			
过于活跃/不安定			
尿床、遭遇			
行为方面：攻击性行为			

欺负弱小

喜怒无常/不配合

思想不集中

爱捣乱/多动

反抗

注意力分散

骂脏话

偷窃

安静/孤僻

学习方面： 专注/集中注意时间短暂

坚持性

记忆力差

具体的：语言/讲述

阅读

数学/科学

缺乏一般经验

英语为第二语言

想象力贫乏或缺失

社会性方面： 分离焦虑/排斥学校

依赖性

孤僻、寂寞

缺乏与同伴/成人相处的信心

过分自信

沉默寡言与自负

情绪情感方面：不愉快/哭泣

恐惧/焦虑/担忧/咬指甲

缺乏自信

忧郁

易怒/沮丧/撒谎

爱与尊重的需要

受虐待

过分挑剔

健康需求方面：哮喘

湿疹

糖尿病

癫痫

缺乏睡眠或新鲜空气

超重/过轻

图 8.1　4～8 岁儿童常见的个别需要

* 这些领域都有待教师的拓展和延伸

** 可以将这个图表转化成针对个别孩子的核对表，只需在表头附上孩子的名字和出生年月。1、2、3 代表的是不同儿童的需求程度，其中"1"代表没有问题；"2"代表该领域存在某些个别需求；"3"代表该领域的个别需求极其显著。进行这样一种评价的意义是不言自明的。

表 8.1　能满足儿童个别需求的游戏情境

一般的班级游戏活动，都会为孩子提供大量不同类型的游戏材料和资源，可以帮助孩子了解、满足自己的个别需求。大部分游戏资源都有助于儿童的自信心和想象力的发展，也为其社会性发展创造了条件。通常，当儿童无法用言语表达其感受时，最小的孩子会借助游戏的方式表现出来。某些具体的游戏情境（如下表所示），可以在一定程度上满足儿童的特殊需求。

当然，游戏也不能解决所有的问题和需要。例如，那些喜欢骂脏话的孩子，教师应当对他的活动有所控制，尤其是当他的不良行为已经很明显的时候。通常，儿童说脏话是为了引起他人的注意，这种情况下，最好的处理方式就是对其不予理睬。

材料和活动	例子（游戏如何满足儿童的个别需要）
黏土、面团、木制品、沙子、水、大积木	具有攻击性倾向、常常干扰他人的儿童，可以通过合乎规则地建构和拆分材料来满足自己的需求。他们也合群：尽管儿童常常是单独地玩这些玩具，但是起码他们可以保证孩子们可以同时玩或一起玩。

"迷你世界"游戏	爱指挥人、喜欢欺负弱小的儿童,往往能够通过控制"迷你世界"中的汽车修理厂、农场和玩具屋,满足自己的需求。求知欲强烈的孩子,可以在这类游戏中利用废弃物制作出属于自己的东西,并保存它。儿童凭借自己真实、现有的经验,创造出幻想的世界和未来,这个过程中想象力将得到很大发展。
玩偶、电话、电视、镜子	满足儿童的语言表达方面的需要。两部电话(可以是自制的)有助于互动。一台电视(没有显像管的),或者把大纸箱的一面切开制成的屏幕,可以培养未来的新闻播报员和气象预报员,如果有道具服装那就穿上。对着镜子游戏,对于有发音困难的孩子非常有帮助,如果加上成人的发音示范效果会更好。
教师自制或购买的卡片(纸板)游戏、传话游戏、猜谜配对游戏	这类游戏有助于培养儿童的注意力和积极性,还能发展儿童的自我控制能力,如果游戏最初有成人相伴,效果更好。后面两项游戏在训练幼儿的记忆能力方面,效果特好,游戏规则是一个孩子先说:"我去面包店,买了……"参与者必须专心记住他所购买的物品的顺序。
泰迪熊、娃娃、机器人、木偶	毛绒玩具,能带给孤独儿童、注意力分散的儿童特有的舒适感,往往成为这类孩子的好伙伴。这些材料和书籍、故事一样对孩子有帮助,但这仅适用于能基本上控制自己情绪的那些孩子。

第八章 游戏与特殊儿童

147

右侧竖排：*Just Playing?*

续表

分类游戏（对各种天然或人工材料进行分类）	这是感知不敏感或有记忆困难的儿童的最佳选择。
室内与户外的大型玩具、运动器材	这些材料和活动可以为疲倦或精神不佳的儿童（或者是过度活跃的儿童）提供一个身心健康发展的机会。
与成人进行小组/个别的讨论	这种活动能满足幼儿总体上的需求，但是，需要注意儿童是否真心想要进行这样的谈话。通过这类活动，那些很少受到尊重的孩子，会把教师当成自己的忠实听众，并渐渐获得自信。
郊游、校外活动、聊天散步、参观等	显然，这类游戏是为那些缺乏一般经验、沟通困难，或者有感知障碍的儿童而准备的。对于缺少自我控制的孩子，让他们管好自己及其物品将对他们有帮助。
商店游戏、娃娃家、表演游戏	这类游戏如果创设的适宜而丰富，且考虑到不同的年龄、性别、文化因素，将能满足儿童的众多需求。在这里，幼儿可以理清"你、我、他"，学习合作，学习协调自己与他人的需要，发展语言、经验、耐心、想象力和注意力。害羞的孩子和受虐儿童可以"当"一回别人；寂寞的孩子会有同伴感；患病接受治疗的儿童通过扮演医生，为别人开药，可以减轻自己的恐惧……类似的例子不胜枚举。
（最后要突出的一个）图画书	这类活动促进语言发展。以集体或个别的方式，反复诵读熟悉的词汇和动听的儿歌。借此，鼓励孤僻的孩子参与小组活动，缺乏经验的儿童还有那些生活中存在焦虑和恐惧的儿童也能从书本中受益。

发展的需要

　　在学校，有学习障碍的往往是发展不成熟或智能障碍的儿童，例如，如本章开头所描述的詹姆士。"不成熟"涵盖所有发展领域——认知、社会交往、情绪情感、道德与生理——借助第七章的基本发展检核表，可以清楚了解儿童的发展情况。发展不成熟的儿童是想象游戏的最佳候选人，孩子们可以在这类游戏中获得对基本概念的理解能力，对詹姆士而言，则可以发展其协调能力、操作能力和身体调控能力。有一些孩子成熟得相当快，因而，任何与不成熟相关的问题都不会在他们身上存在。那些成熟较慢的儿童，只能遵从自己的发展速度安排学习，他们往往需要大量丰富的激励，才能取得一点很小的进步。

　　儿童发展的个体差异，只有在和与他年龄相似、具有正常能力和成熟水平的儿童相比时，才能凸显出来。虽然儿童的发展系统中存在生理发展与智能发展的不一致，但是他们的发展不会因此停滞，最终孩子还是会有所进步（Bee and Mitchell，1988：75）。从另一个角度看，儿童的发展迟缓可能与先天有关，但也有可能是因为某些人出于各种原因想要让孩子保持儿童的特色，例如，家长的过度保护就属于这一类。马修（前文案例中的双胞胎之一），遭到母亲的排斥，他不得不忍受母亲对哥哥的过分关爱，再加上他的糖尿病，这就形成了自我保护的屏障。

　　我们必须接受这样一个事实：当发展以某种特定的方式推进时（孩子总是先学会走路才会跑，先牙牙学语才能学会说话），它也会出现偶尔的倒退。所有的孩子都曾在游戏中出现倒退的现象，而成人总是希望他们已经逾越了那个阶段，因而，当看到孩子的倒退时成人往往认为儿童的发展受到损害。游戏学习的螺旋模式图告诉我们，儿童的发展是一个螺旋上升的过程，而不是数学上的线性发展模式，教师应当接受儿童在某些特定情况下出现倒退的自然现象。当儿童在新学期进入一个新的班级时，往往会出现这种倒退。

行为的需要

这一类的需要，似乎是目前给教师带来最大困扰的一类。在人数较多的班级，行为异常的儿童往往耗尽成人的精力和耐性，其结果往往是无论教师还是学生都情绪失控。行为异常的儿童总是给同伴造成困扰。例如，有攻击行为的儿童，一般很少独自活动，他们比较喜欢参与集体游戏，因为在那里无论是语言上还是身体上，他们都占优势（Manning and Herrmann, 1988）。这些攻击性行为的发生似乎没有确切的外在原因。维尼的行为问题，很容易发现是与其父母有关的，经教师建议，他们最终挽救了这个孩子，当然学校也起了一定的帮助作用。课后，当维尼和一大堆玩具游戏时，母亲和老师进行了几次交谈，讨论了这个孩子最近学的一切。6个多月后，维尼的父母终于认识到应该给孩子一定的自由让他成长、交流和发展，也认识到儿童是需要玩具的。最初，他们和教师商量从学校借一些玩具回家，最后终于给孩子买了玩具。几乎是一夜之间，维尼发生了很大的变化，虽然还称不上是模范生，但起码是个容易管理的孩子。不过，他的攻击性行为还是花了较长时间才得以矫正。把有问题行为的孩子隔离起来是教师常采取的对策。然而，对于维尼，教师的做法是，和他协商一致后在教室里划出一片他的专属区域。这样有助于维尼的自我肯定，而且让他有空间存放他的收藏品（瓶盖、小积木、其他孩子的零食、玩具小汽车、其他形形色色的玩具），同时可以不用再担心他影响别的孩子。大约一年之后，他开始邀请其他孩子来参观他的收藏，标志着其行为发生了突破性的转变。

有个别研究（Smith and Green, 1975）指出，男孩比女孩更容易产生攻击性行为，而且，当孩子即将造成伤害时，成人应当进行干预。然而，有些情况下，对一些较轻微的攻击性行为，最好是不予理睬或者通过眼神和肢体语言使问题淡化，而不要从反面强化刺激。

学校里的每位教师以及儿童的家长，应当关注孩子的一切异常行为。为行为矫正所做的努力应当在整个治疗期持续。奖励也一样，不管是多小的奖励，都应持续下去。儿童往往很善于控制照顾他们的成人，家长们得当心。为更好地改正儿童的不良行为，成人应当认真思考以下问题：

1. 确切需要改变的是什么——不要笼统地说"攻击性行为"，请指出具体的行为。把它们列出来，并按处理的先后顺序排序（不要奢望一次性做太多改变）。

2. 通过观察评估行为发生的频率（见下文），并记录事件的起因。

3. 判断哪些行为应当不予理会，哪些行为可以鼓励，应该对行为发生的情境和儿童的特点做详细考虑。

4. 思考当儿童有所改进时，以什么作为奖励，例如，奖励几次和心爱的玩具游戏的机会、和同伴游戏、口头的表扬或鼓励。

5. 与有关人士一起做出决定，并协商出一种执行奖励的办法。

我们必须意识到，攻击性、破坏性和威胁性游戏，可以反映出儿童的生活环境中存在某些问题，正如上述维尼的例子。对孩子唠叨或者不断地抱怨其行为是无济于事的，成人应该理解这表示孩子有某种情感需要宣泄出来。教师应当为孩子提供一种能被接受的宣泄方式，例如，大肌肉运动、结构性和破坏性游戏、角色扮演游戏等。攻击本身并不是一件坏事，某些攻击行为在根本上有助于生理活动，促使人们努力挑战一定的困难。经过一次又一次的"仓促和混乱"之后，游戏渐渐将参与者组织起来，不仅结束了混乱局面，还促进了游戏者的社会交往。

谈到行为，我们更要注意到那些过分安静、内向或是孤僻的孩子，他们不如攻击性儿童那么引人注意，但是他们的需求也同样（甚至更加）需要引起重视。这类儿童不是一个人玩，就是和其他孩子平行游戏，很少加入集体。本章开头案例中的贝琳达，如果不是教师及时发现并进行干预就会变成这样的孩子！幼儿园有很多这样的孩子，教师几乎不记得自己一天当中是否和他接触过。如果教师能制作一份与教学环节相应的记录表，则可以很好地避免以上问题。通过核查记录，教师可以知道某一天或某一周中，自己接触过哪些孩子，接触了几次。

学习的需求

儿童学习的能力和速度各不相同，在不同领域的表现也不一样，他们可能在一些学习领域显示出较强的技能和积极性，而在另一些领域却没有。笔者据个人经验认为，大部分儿童学习中遇到的困难源自与语言相关的问题。大量的材料和资源，在促进儿童语言技能的发展方面的作用，也证实了这一点。根据这一点，毕（Bee，1985）准确地揭示了语言和认知之间的关系。根据第七章中的课程标准，可以很快找出哪些儿童没有达到大部分学生应有的水平，如果以此标准评价儿童的其他表现，例如，技能发展、课程领域，那么很快就能确定儿童有哪些学习需要。

众多研究证明，游戏可以促进语言的习得和言语技能的发展，因为"在游戏过程中，儿童总是一起争论、讨论、探究、策划和交谈"（Irwin & Frank，1981：222）。笔者和所带的研究生曾进行了一项自由游戏和引导游戏的比较研究，结果发现，相比之下，儿童和同伴们在自由游戏中有较多的丰富多样的语言沟通，尤其是一对一的交流，这也再度支持了希尔瓦（Sylva，1980）的研究成果。然而，通过引导游戏儿童增加了词汇量和有关概念的知识，这在后一轮的自由式游戏中体现出来。当成人与儿童一起开展平行游戏时，更能促使儿童谈话和讨论。当研究生们玩一些材料和活动时，孩子们表现出更大的兴趣，并在交流主动性和总的学习方面覆盖更多。

除语言之外，知觉困难有时会导致儿童出现与分类和辨别相关的个体需要。而游戏情境则能提供一个公正、迅速的评价环境，从而评价儿童的分类能力，对颜色和形状的感知能力，对不同姿态的判断能力，以及将部分融合成为整体的能力。

社会交往与个别需求

为儿童的社会交往提供方式和目的，往往是教师提倡游戏的最主要理由。事实上，确实有许多游戏情境帮助他们达到了这一目的，例如，"商店"和娃娃家的表演游戏、儿童为了搭建公路而进行的合作游行。但是，游戏有时也会导致儿童的孤独（Sutton－Smith，1986），因为它使儿童专注于自己确立的某一目标，或沉迷于在绘画中表达自我。班级活动中的大部分游戏都是平行游戏，合作性、社会性游戏较少。这种情况下，引导游戏则通过给儿童一些合作性任务，起到激发社会性游戏的作用。不可避免的是，年幼的儿童会花较长的时间停留在平行游戏中，因为他们需要时间学习如何与他人合作。哈森和拉伊（Chazan and Laing，1982：54）认为："社会性成熟是一个学会面对挫败、学会分享和参与的过程。"

独自游戏阶段不需要引起关注，每个人都需要有属于自己的时间，儿童也不例外。埃里克森（Erikson，1950：40）这样形容独自游戏对儿童的意义："它是在社会汪洋中历经艰辛后，修复自己破碎的心情的必备良药。"我们应当关注那些经常性地独自游戏，始终游离于其他儿童的游戏活动之外的孩子。尽管如此，事实却证明，喜欢独自游戏的儿童能长时间专注，他们具有较强的坚持性、较高的创造力和想象力（Strom，1981b：47）。据此，史侗（Strom）认为，每个儿童的成长经历中，都应当有"很长的一段独自游戏的时期"。或许，我们更应该关注那些根本不会游戏的儿童，感谢上帝，这样的情况很罕见，虽然，偶尔也有些来自不同民族背景的儿童，需要成人鼓励他们进行游戏（见下文）。儿童经历的创伤在一段时间内会抑制其参与游戏，当心理问题产生作用时，儿童的游戏态度和能力都会受到阻碍（Webb, 1967：51）。面对这种情况，教师只能静静地观察、等待，对孩子表示同情和支持，让儿童自己选择活动，直到孩子的问题得到解决。布拉德和克鲁斯（Ballard and Crooks, 1985）在报告中指出，对于社会性参与水平低的儿童，教师可以让他们看孩子们在一起快乐地游戏的录像，并和他们讨论儿童间的友谊和同伴关系，从而使参与水平得到提高。或许，这体现出某些儿童需要观察他人的游戏，以此鼓励自己参与其中。

大部分孩子刚进幼儿园时，不愿主动参与游戏，在充分进入社会性游戏之前，儿童需要经历一个从旁观、外围游戏到平行游戏的过程，这需要花一段时间。我们希望教师能知道她所照顾的每个孩子，在各时间点分别处于哪一个游戏阶段，经过这样一段观察，才能判定哪些儿童常常独自游戏，哪些儿童较多地进行配对或合作游戏。说到这一点，教师还应该观察儿童在不同类型游戏（如表 1.1 所示）中的合作情况。一份简单的核对表至少可以显示出如下信息：哪种类型的游戏最受孩子欢迎，都是哪些孩子参加，个体游戏与社会性游戏之间是否达到一种平衡。

一个害怕离开父母的孩子，来到学校后往往无法与他人进行合作游戏，这种情况将持续到他对新的环境和陌生的成人产生安全感为止。最好的解决方法有两种，要么说服父母留下来陪孩子一段时间，直到他安定下来；要么在最初一段时间，请一名义工或工作人员，专门陪伴这个孩子，使他获得足够的安全感。

健康的需求

每当儿童疲倦地来校时，不管是因为生病，还是一般性的不适，教师都能很快地发现异样，并且立即采取有效措施。但是，有些孩子（如詹森）是天生有习惯性疲倦的大问题，因此，教师必须特别注意那些在学校总是打瞌睡的孩子。有些学校已经注意到，许多孩子到校前不吃早餐，所以会在早上提供适当的点心和饮料。饥饿或疲劳的儿童，很少能有效地进行学习和游戏，也无法参与大肌肉运动游戏，而这些游戏促使孩子们参加下一个活动，也有利于其身心健康发展。威顿（Wetton，1988：34）曾强调："身体健康的儿童更能在智能和社会交往方面有适宜的发展"，他还指出越来越多的证据表明，幼儿初发的心脏疾病很大一部分与儿童长期久坐的生活方式有关。学校的体能游戏，至少能提高儿童的体质和控制能力；还有些孩子需要运动量大的大肌肉运动，以增强其力量，促进其生长发育。除了由教师引导的器材和运动课程外，女孩一般很少主动参与体能游戏。威顿（Wetton，1983）的研究指出，幼儿园提供的身体运动方面的游戏，对 4 岁儿童已经不具有挑战性，这是他们回避或忽视这类游戏的主要原因之一。

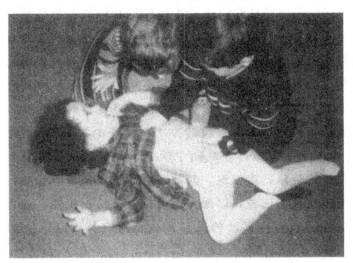

图片 12　幼儿的性别意识在某些游戏情境中会特别明显，
尤其是在"医院"扮演游戏中。

谈到健康教育，幼儿的性别意识偶尔会在某些游戏中表现出来，对生殖器的探索并非罕见，尤其是在"医院"扮演游戏中。这种现象很正常，尤其是那些有相同性别的兄弟姐妹的儿童，当他们开始意识到性别差异时，更多进行这种游戏。然而，如果儿童对此感到困惑，或是长期进行此类游戏，教师则应当搞清楚其原因。有个案例，某儿童总是胁迫其他孩子把裤子脱光，否则不让他们去厕所。经调查发现，在母亲外出工作期间，他常常在夜里和父亲一起看色情光碟，并试图模仿他所看到的行为。

文化的需求

拥有另外一门语言是件好事而不是什么问题。但是由于大部分学校基本上都以英语进行教学，因而，对于那些母语非英语的儿童，如果要使其母语得以维持和发展，并同时掌握英语的话，这些儿童则需要一些特别的帮助。

不同文化的人们对游戏的看法不同，有些甚至完全不一样。从一个完全无视游戏价值的文化环境，进入到一个强调在游戏中学习的班级环境，这难免给幼儿造成极大的冲突。有些民族文化强烈地要求儿童"学习"，因而，教师往往需要花很长一段时间改变这类儿童对游戏的态度，尤其是当家庭对此不予支持时。对此，教师可以尝试将沙水游戏和积木游戏称为"在沙子中学习""在砖块中学习"，并和儿童一起探讨在活动中学到了什么，这是解决上述问题的一个较好的策略。类似地，教师还可以引导儿童的游戏，为他设置一个有挑战性的任务，以激发他参与游戏的积极性，或者是让一个对挑战性游戏很有兴致的儿童和他一起合作，以诱发他的活动热情。

受虐儿童及其需求

美国某城市的调查研究（Cleveland Enquiry，1988）指出，儿童受虐待的证据是很不容易被察觉出的，无论他是遭受身体虐待、情感虐待还是性虐待。例如詹森这样的受虐儿童，表现出远超出其年龄的成熟，明显不同于普通的孩子。当教师怀疑某个儿童可能处于某种险境时，应当经常洞悉该儿童的情况，监视其平常的表现、举止和态度。如果当外部机构已经或有可能介入时，建议教师为这些受虐儿童准备专门的记录本，记录一切不寻常和值得关注的事，并注明日期和详情。

马奇·布雷（Madge Bray）认为，遭受性虐待的儿童，在玩电动玩具、电话、木偶时，常常会再现自己受到的侵害，这个时候，请临床心理医生根据其行为分析他可能的遭遇，将对孩子有一定的帮助（Cohen，1988）。这对教师而言有些要求过高了，而且事实上，在没有经过专业训练的情况下，这将是一个极为危险的尝试。但是，观察、倾听儿童在独自游戏和与同伴游戏过程中的言行举止，将获得有关儿童受虐情况的信息，能帮助教师采取相应的对策。马尔（Maher，1987）指出：在证实儿童的受虐情况的过程中，教师一定要起重要的作用，为此，他们应该接受一切必要技能的训练。

受虐的迹象有很多。例如，身体的淤伤（当然这很可能是由儿童日常游戏活动所致，如爬树、骑自行车等）；但是，另外一些特征则更有明显，例如，丧失游戏能力、经常大小便失禁、学习退步、异常恐惧、无故缺席，或是偶尔手淫。斯特恩（Stern，1987：44）指出：受虐儿童的显著表现之一是，渐渐出现缓慢的行为变化，而教师如果敏感的话，应该是最容易发现这一情况的人。

First Playing ?

自我意识和情感需求

任何困难和问题，都可能导致儿童的自我认知不佳，自尊心受伤，甚至学习能力、交友能力和行为能力也受到损害。儿童缺乏自我认知的另一个原因，可能是他没有将自己视为独一无二的个体。希龙和萨顿·史密斯（Herron and Sutton-Smith，1982：10）指出："要建立独立的身份意识……儿童必须脱离具体的自我，从另一种角度去看待自己。"角色游戏是达到这一目的的主要途径，因而，教师应当慎重选择材料，确保自己组织的角色游戏能引起全班孩子的兴趣，发挥其应有的功效。教师在组织角色游戏时，应当照顾到具体儿童的个别需求，例如，对于一个缺乏责任感的儿童，让他当商店管理员，可以增强其责任感。

缺乏自尊的儿童，往往在接触那些关系其发展的深度知识之前，就已经轻易选择放弃（Bruce，1987）。然而，游戏作为一种天然的动机，可以防止这一点。因为只要它适合儿童的需求，只要它能带给儿童成功，并给予相应的奖励，儿童就会对它有兴趣。

性别差异也会导致儿童自我认知欠佳，或某些方面的情感缺失。长期以来，女孩总被告知她们的数学能力比男孩差，渐渐地她们自己也信以为真。有些研究认为，女孩对于空间的感知能力天生就比男孩差（MacDonald，1985），但实际上这种差异很大部分是由环境导致。布瑞尔利（Brierley，1987：63）认为，"应该逐步地为女孩提供有关数学、实验和空间知识的活动"，把这些元素渗透到引导游戏中，以满足女孩的个别需要；同样，也应该为男孩提供一些能展现出对他人的关心、耐心和文雅的活动。辛格（Singer，1981）认为，除非能有更多的男教师进入早期教育领域，否则现状很难得到改变，然而机会公平委员会在一本未标日期的记录册《平等的开端》中提出，成人对儿童的期望对其发展也有很大影响作用。

缺乏自我意识意味着儿童会缺乏自律能力、自我控制能力和对他人的认知，也意识不到自己对他人的影响。对缺乏稳定的自我形象的儿童，成人应当大力称赞他所做的每一件值得赞扬的事情，其他孩子对他的肯定也能给他很大鼓励，例如，在他成功时为他鼓掌。前文案例中的史蒂芬，根本没有或受到损害的自我形象，即便是最好的教师也无能为力，或许需要寻求心理医生的帮助。史蒂芬在身体运动方面的能力特别优秀，并凭借这种能力克服了许多困难，教师可以以此为表扬和鼓励他的出发点。他教其他孩子玩运动游戏，制作巨大的攀爬器械，为其他孩子设置体能挑战，然而，当他的"作品"垮塌时，他指责所有孩子欺负他是个黑人。

儿童缺乏自我意识可能是因为长期受到高度控制，或是个性使然，或是没有机会将自己与同伴进行对比，抑或是缺乏机会表达自己的情绪和情感。角色扮演游戏、"迷你世界"游戏、运动游戏，以及和成人或其他儿童探讨这些活动和感受，都有助于发展儿童的自信与自尊。

通过观察确认儿童的需求

在第七章中，我们已经专门论述了观察的重要性，而观察在帮助我们了解儿童的个别需求并寻找相应对策方面极有价值。尤其是行为方面的需求，往往决定着整个班级的活动，观察的目的之一就是要透过这些事件，看到本质问题。有些儿童似乎总是殴打其他孩子或随地丢东西，经深入调查，事实上这些行为并非经常发生，只是它产生较长时间的影响，因而教师误认为它频繁发生。图 8.2 和图 8.3 分别显示了如何确认儿童有个别需求和观察其个别需求的方法，教师对该图进行一定的扩展，就可以将上述所有的特殊需求包含进来。

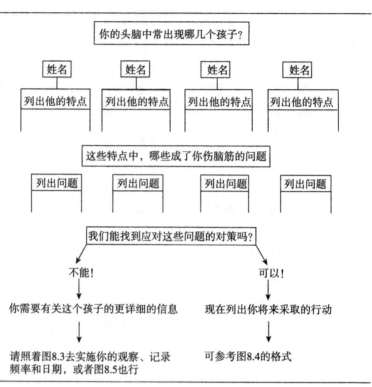

图8.2 确认需要关注的儿童

这似乎容易让人误会，认为儿童的大多数问题和个别需求都源于其家庭背景，而学校是解决这些问题及满足个别需求的灵丹妙药。然而，事实上，学校也有不当之处！有些问题源自我们的日程安排和班级组织。我们都知道，有些孩子害怕去操场，有些孩子不喜欢加入人群，有些孩子一到进餐时间就眼泪汪汪。但是，我们必须努力，无论在常规教室里处理这些问题有多困难，我们都必须给这些孩子足够的时间解决他们的问题。把教室里的桌子按组排列是不合适的，这种做法没有考虑到孩子面对 6 个以上的同伴就会分心。给儿童一个小小的个人空间，或是环绕墙壁让孩子两两而坐，将给儿童更多的安全感，也能使他们的注意力更加集中。身体活动空间是值得长期关注的。史密斯和哥洛利（Smith and Connolly，1977）的研究曾指出，缺乏足够的身体活动空间，将增加儿童的攻击性行为。

幼儿姓名：_____　　　出生年月：_____

有关该儿童的特殊表现和记录：_____
_____

你开始关注他多长时间了：_____

（你所观察到的）特点/性格特征/行为/学习：_____
_____

观察记录——教师自行决定观察频率（环节/半日/全日/ ×天/1 周）
_____

日　期	时　间	期　间	刺激（行为发生的导火索）	结果	备注

附加记录：

什么时候这名幼儿有适宜的行为/学习/游戏？

和谁在一起的时候？

做什么的时候？

上面记录的事件是否引起孩子关注，或导致他苦恼？

你是否进行干预？什么时候？为什么？

孩子对你的干预做何反应？

图 8.3　对个别儿童需求的观察

　　把儿童带离他们的正常环境，使之远离熟悉的教师去接受特殊治疗，并不能长久地解决儿童和教师所面临的问题。如果有富余的配班老师，那么最好能让配班老师分担主班教师的教学工作，以便她能有精力关注个别儿童的需求。只有这样，这个最了解孩子的成人，才能在当前的主题活动中，在正常的教学组织过程中处理孩子的问题，从而确保班级常规活动正常进行，这一点对有任何问题的孩子都很重要。

满足个别需求的补充计划

　　首先，我们必须为孩子创造在游戏中获得成功的机会，即便这意味着，必要时必须容许他们一而再再而三地重复，探索某些特别的材料。成人不应在这个阶段对游戏做出引导，除非孩子有意邀请你。但是，成人应该尽可能在场，这不仅是为了对游戏表示支持，同时也为观察记录儿童的态度和能力方面的一切变化。

　　对下面问题的回答，将让你对某个儿童的特殊需求有全面的了解，并找到可能的解决办法。

幼儿姓名：_____　　　　　　出生年月：_____

找出哪些领域的需要是目前最迫切需要你注意的：

1.　　　　　　2.　　　　　　3.

可能的话，列出一些儿童能做或愿意做的积极的事。（以孩子力所能及的事为起点是很重要的！）

1.　　　　　　2.　　　　　　3.

尽可能多地列出一些儿童喜欢的，或是能满足他目前需要的活动：

1.　　　　　　2.　　　　　　3.

列出所有能引起儿童反应的情境或活动：

（A）正面反应

（B）负面反应

1.　　　　　　2.　　　　　　3.

根据你的观察，写下该幼儿特别不适应或讨厌的活动/情境/成人/同伴：

1.　　　　　　2.　　　　　　3.

图 8.4　处理儿童的个别需求

　　所有具有个别需求的儿童，都有一些特殊的能力、兴趣和天赋，教师应当发挥儿童的这些优点，把它们作为解决儿童的问题和促进其学习的出发点。我们一定要把儿童的成功之处和快乐之源作为教育的起点，而它们往往就藏在儿童的游戏经验中。

儿童的某些个别需求超出了教师的处理范围，如受虐儿童。这种情况下，应该在与家长商量后，寻求外界专门机构帮助解决。

有攻击性行为的儿童需要发泄情绪的出口，他们的需求大多可以在日常活动中得到满足，例如，使用黏土、沙子、水、木头、大型器械或大型建构玩具等材料开展游戏。

结语

目前，教育界在对个别儿童需求的回应方面，已经日益敏感和富有经验。我们往往会从实际出发，看待儿童及儿童问题的成因。对于大部分成年人而言，现代生活的一个特点是压力越来越大，或许在教育界情况更是如此！这些压力渐渐透过不同的环境影响到孩子，其中最主要的是家庭和学校，而且，我们日常遇到的心理问题也很大程度上与压力有关。如何在课堂上把儿童的压力降到最低，这是一件很重要的事。如果教室里出现了大量的特殊问题（例如，行为问题），教师就应该自问："我的课堂究竟是什么样子？我是否愿意成为孩子中的一员？我是增加还是减少了他们的焦虑？我有没有找到引发孩子感兴趣的活动？我是否置身于活动之中？"我们不要期望孩子喜欢那些我们自己都没兴趣的事，假如我们对自己布置的教室情境感到很失望，那凭什么期望孩子有不同的反应呢？

在教室里，我们往往只注意那些很抢眼的孩子，那些愿意与来访者交谈，对人有所回应的孩子。你的脑海经常出现的是哪些孩子？图 8.3 已经呈现一个方案，它能帮助教师合理地思考，哪些孩子是真正有个别需要的，哪些孩子只是比较有个性，而哪些孩子是完全正常的。图 8.3 至图 8.6 提供了一些方案，教师在为满足儿童的个别需求（长期/短期均可）制订计划时，可以作为参考。

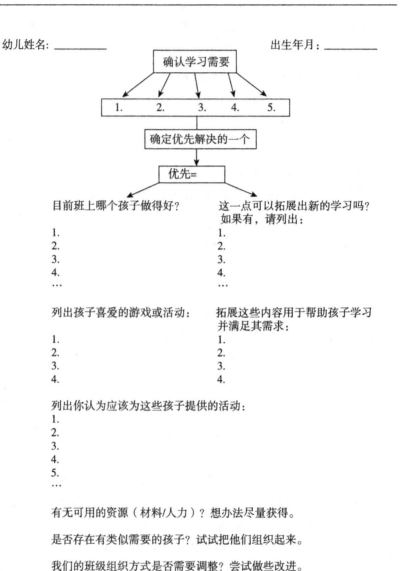

幼儿姓名：_____   出生年月：_____

确认学习需要

1.   2.   3.   4.   5.

确定优先解决的一个

优先=

目前班上哪个孩子做得好？   这一点可以拓展出新的学习吗？
                                 如果有，请列出：

1.   1.
2.   2.
3.   3.
4.   4.
…   …

列出孩子喜爱的游戏或活动：   拓展这些内容用于帮助孩子学习
                                 并满足其需求：

1.   1.
2.   2.
3.   3.
4.   4.

列出你认为应该为这些孩子提供的活动：

1.
2.
3.
4.
5.
…

有无可用的资源（材料/人力）？想办法尽量获得。

是否存在有类似需要的孩子？试试把他们组织起来。

我们的班级组织方式是否需要调整？尝试做些改进。

图 8.5   学习需求表

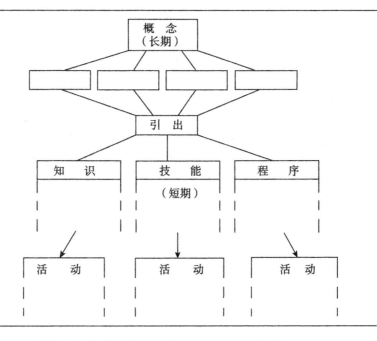

图 8.6　为促进儿童长期学习而制订的计划

注：这些计划可用于个体、小组和全班教学。如果是用于个别儿童，教师应当用不同的颜色标出，哪些技能是儿童已有的，哪些需要进一步发展，哪些完全没有经历过。

已经有证据显示，在学校教育中，儿童获得的成就远远低于他们能力可及的水平（Brennan，1979）。然而，维果斯基（Vygosky，1978：102）认为："儿童在游戏中的表现总是高于其年龄水平，超越其日常行为能力。在游戏中，儿童似乎变得比自己高出一个层次。"教师只有接受并记住这一点，才能不因自己的教学压力而强制儿童进行正式的学习。

应对这些有个别的、与众不同的需求的孩子，是件很费时间的事，但是我们不得不花这份时间。当问题出现时，教师得花大量的时间处理它，分析它为什么发生并想办法解决，有时教师会怀疑这些时间花得是否值得。

　　学校应当和那些有特殊需求的儿童的父母保持联系，因为只有他们才能提供儿童在校外的一些信息。在许多方面，父母对自己孩子的了解更为透彻，如果家长能和教师合作一致，朝同一目标努力，那么其意义将不仅仅是帮助教师促进孩子的学习。许多父母往往不理解游戏活动能给孩子提供什么，教师的职责就是要向家长解释为什么孩子每天要花费相当多的时间进行游戏。下一章将深入探讨学校与家长的关系，并寻求与家长共同探讨游戏和学习意义的途径。

第九章 游戏与成人期望

以现实生活为基础的以下三个事件突出反映了值得我们关注的几个问题，特别是教师、家长在对儿童游戏活动的期望方面的冲突。

第一个实例是来自家长的观点：

6岁的简（Jane）从学校回到家，身上粘着胶水，这种情况下，胶水一般是弄不掉的。作为家长，你收到了一则来自教师的道歉条，说是已经把该事件通知了学校领导（尽管不是解释）。第二天早上，你决定到学校去告诉老师你对她所开设的"实践课程"是如何看待的。但当你走进教室的时候，所有的孩子都参与了大量的看起来使人困惑的数学活动。你很沮丧地试着告诉老师你对这些乱糟糟有噪音的状况很不理解。你开始感觉到更加恼火——作为教师，难道他们就不能在教室里做些合适、安静的工作吗？

第二个例子是来自于教师一方的观点：

昨天，那位家长像以往一样帮助你为一组孩子开始一些编织活动。全班一直开展主题为"我们的村子"的活动，另外，你在当地的一个艺术展获得了一个灵感，那就是编织一些正方形和三角形，把它做成一幅普通房屋的抽象拼贴画，这个灵感吸引了你和孩子们。编织对于许多儿童也是全新的体验，这种手工的灵巧性、手眼协调性、操作技能以及对形状的其他认知等，对 7 岁的孩子们而言都是一种挑战。孩子们对此都很热心及感兴趣，尤其是格雷厄姆（Graham），他是一个平日里不爱讲话的孩子，除了数学和足球，他对什么都不感兴趣。格雷厄姆沉浸在编织活动中，令人惊奇的是，他很快就掌握了这种技能。他请求把这些编织的活带回家，你当然对此感到很高兴。然而，第二天早上，你还没有到学校，就看到了一个家长的大红脸，是孩子愤怒的父亲拿着编织品对你说："你怎么敢把我儿子变成那么女孩子气！以后再也别让他做这样的事情了！"所有的这些都发生在这位即将要哭出来的孩子面前。还没等你解释，这位家长就离开了。

即使是最幼小的儿童也不会因为年龄太小而没有自己的观点，以下这个例子可以显示：

你是 5 岁半的彼德（Peter）。你按照老师的指导把写作任务完成得非常好，而且你觉得这很容易。老师在你的作业上打了金星，你把它拿给你朋友乔纳森（Jonathan）看。接下来，你努力做一些算术题，但不知何故，你无法做得很好，突然，你想出了解决办法，你写出了所有的答案，把书拿给老师，老师在上面打满了叉。没有金星！这一天晚些时候，老师对你那幅绘画的评价真的很高，所有其他孩子也认为很棒。你感觉非常自豪。你问老师能给个金星吗，老师笑着告诉你金星只能给那些完成得好的作业。

以上这些事件中较为重要的一点是：所有相关的人看来都几乎没有考虑到他人的感受、理解和价值。而这种移情能力是儿童学习的首要前提。如果家庭和学校在游戏情境上存在冲突（或是其他"问题"），很难期望儿童能在其中任何一个环境中开启学习过程。而造成价值观分享不足以及期望难以理解的原因是，很多时候教师本身就是父母。对于这些本身就是父母的教师来说，赞同父母的观点比赞同教师的观点更简单一些，因为很少有父母本身就从事教师职业。即便如同上面第三个事例那样，儿童缺乏经验，但是，成人也应当平等地考虑儿童的感受和观点。尽管教师有一个她自己所能理解的清晰的奖励体系，但这并没能有效对儿童进行说明。而且，这套明确区分游戏和工作的奖励体系的适用性仍然在受到人们的高度质疑。

不同的感知

从以上来自父母、教师、儿童的三种不同观点反思以上事例是有帮助的。例如，在第一个情境中的教师可能感到委屈，因为尽管她考虑到儿童衣服上的胶水，通知了学校领导并给父母写了一封道歉信。但是，当她更担心儿童是否得到妥善照顾的时候，她仍得一整天在学校处理与应付这位满腹抱怨的家长。她可能会在心里问为什么这位家长丝毫没有意识到，作为教师，一大早她得去处理比这件事情更为重要的其他事情。在任何情况下，儿童到学校往往都会穿着好衣服，父母期望学校对儿童来说是个工作场所，让儿童穿着得体地到学校就行了。教师尽自己最大地努力让简（Jane）穿上围裙；如果一个儿童在中途扔掉围裙的话，教师确实很难自己去发现这个情况，因为还有其他 29 个孩子要她照顾！教师明白这些实践性游戏活动对儿童的发展和学习是很重要的；家长怎么能告诉她别的观点呢！等等！与此同时，儿童毫无疑问是喜欢胶水活动的，也许做了一个非常不错的模型，并对结果感到非常满意，他们也发现自己是家长和教师之间争论的主题。

相同类型的关于孩子的冲突在第二个游戏情境中非常明显，也许会更严重些。父母显然并不明白怀特布雷德（Whitebread，1987：27）所说的"性别认同和性别模式化"的差别。也许更为遗憾的是，教师没有机会去解释他对此活动认真设想的基本原理，教师也不可能探讨父母对性别适宜性的观点。如果教师更好地了解父母，这种情况毫无疑问地能够避免，而这一活动也能够最大程度对儿童有利，儿童对编织的兴趣也不会受阻挠（教师在教室开展活动害怕产生更大冲突的想法是不明智的）。教师经常处在维护游戏的危险中，而非为游戏辩护，教师需要更多时间来分析游戏在定义的课程和在"隐性"课程中都为儿童提供了些什么。一些解释、图片和孩子的活动记录，在给家长的联系簿或信息资料中略述一些目前学校探索的主题和活动，提供有用的物件或材料以及询问等，都能够让家长产生兴趣。在这种特殊情况下，可能提前消除将要面对的不舒适或受打扰的尴尬情境。在这些文件中需要特别提到照料，所有的学校工作人员都应该知道"照料"所蕴涵的默许的价值。上述第三个游戏情境中的教师对工作、游戏和相关学习提供了一种模糊的信息，学校中其他人很可能难以接受和理解。如果已感到困惑的父母再看到这些模糊的信息，只能加剧他们已有的不安和焦虑。

共同的感知

即使早期教育的过程清楚地向家长解释了课堂中的复杂情境，我们也不能期望父母都充分地理解它，他们也不需要这么做。但是这并不意味着教师不必解释一定活动的发生缘由以及他们为儿童所提供的具体东西。作者已经发现游戏中存在着帮助父母和其他成人理解游戏重要性的六个主要因素：

1. 游戏非常吸引儿童，父母再明白不过，即使美食、逛商店、看朋友（这些对成人来说都很重要），也不能把沉浸于游戏中的儿童吸引出来。

2. 游戏允许人犯错而又不必感到内疚。父母已经准备好何时出现问题，儿童可以回头再说："嗯，我刚才没那么认真做，但是现在开始我要认真对待！"这让父母和儿童不会觉得"丢脸"，也不会觉得难堪。

3. 游戏往往具有一个具体目标或一个想法，这个想法让成人和儿童能够认识到他们已经知道什么，需要知道什么以及怎样去获得。引言中给出的对新洗衣机的探索的例子就是让父母意识到这个因素的好例子。

4. 成人倾向于在一定的情境下通过一个游戏模型来学习。在购买一些新的衣服，设备或者其他的一些什么东西的时候，家长很快发现，他们首先会看看要买的东西，他们在不同的选择品中找出差别和指出共同点，他们会受到触、嗅、视、听、味的影响，这要取决于他们所买的东西，以及一定的"背景"因素（如售货员特别的经营之道），这些内容既影响他们的决定，也影响他们消费之后的感觉和记忆。在这种情境中他们所做的和儿童的游戏经验之间的关系通常是相通的。

5. 在不同情况下的游戏能帮助成人解决问题。不同的问题有不同的解决办法，但是人们发现处在压力下的成人富有热情地在花园挖地，从事体育运动，或笔记本上乱画，边思考边谈话和回忆，或者仅仅沉浸在自己的世界里做白日梦。同样的，在儿童的想象和装扮游戏中也大量存在这类情况。

6. 同学习一样，游戏对于成年人和儿童同样具有娱乐功能。有一些娱乐活动可被视为目标指向性的，如编织、缝纫、绘画、制作模型、修理汽车、烹饪、园艺等活动。这些活动往往基于他们的内部需要，而运动、电视、读书、剧院和电影院等活动也包含在这个清单之列。父母已经明白了无论原始目的是什么，学习一定会发生在所有这些活动之中。

图片 13　带着一个具体的目标或一个想法来进行游戏，可
　　　　　　以让成人和儿童认识到他们已经知道什么，需要
　　　　　　知道什么，以及如何获得他们所需要的东西。

如果学校邀请家长去参加学校的课程或者主题会议，允许他们体验和感受孩子们所使用的材料和资源，家长们会很乐于去了解游戏本身以及它的学习潜能。这些主题会议时间的长短，完全取决于学校认为父母何时能够参与，但是一般情况下，有些父母白天有空，而有些晚上有时间，因此必须充分考虑这些因素。如果一些活动是专为家长设计，而不是让他们像儿童一样游戏的话，家长会喜欢而且更能理解这些主题会议的目的。主题会议的内容中，应当向家长简要解释学校的游戏观，为家长安排讨论问题的时间。下面列举几个成功的家长活动的例子：

1. 图画或者其他语言的字母表。这些帮助家长认识到儿童读者所需要的技能和过程。用新的词汇和相关的图片，字母和字母群，以及字母表中的小册子来进行游戏，都能够使家长理解这些游戏和活动的价值并能使他们很快认识到这些活动的意义所在。

2. 100 平方和数字图案。使用一个 100 平方的平面木板和一些彩色的标签，先让家长确认并找出数字，如3，5，8，9的倍数等，然后猜剩下方格子是什么样的图案？这对一些人来说是困难的。

3. 立方体数字。在一个由立方体搭建的模型前，问家长："搭建下一个模型需要多少立方体，搭建下一个的下一个呢？"大多数家长需要亲自动手才能够确定自己的答案。

4. 5的意义（也可以是任何数字，但是手指游戏对数字5特别适用）。给家长呈现一个大大的数字5，让家长解释它的意义。然后进行一系列的意义探索，给家长在许多其他情境下提供5，例如，5作为数字在门上（另外一边各有3和4）、在硬币上、在砝码上、运动衫的背面、在编织图案上等出现，玩手指游戏，准备5个人用的桌子，弄出不同的代表5的模式等。然后让家长思考：这对幼儿具有什么样的挑战，教师和自己应该如何去解决这些问题。

5. 什么时候盒子不再是盒子？给父母很多垃圾盒子，首先他们必须先画出打开的盒子可能看起来像什么，然后小心地打开盒子看看究竟是什么形状。

6. 做一个三线相交的维恩图（英国逻辑学家维恩制定的类逻辑图）。一盒子的积木，问题则是"找出适合中间交集的东西"，这会产生极大的乐趣、兴趣以及挑战。

7. 升级还是降级。很容易设计成人版本的游戏，问这样的问题："你和自己的孩子玩游戏吗？—是的升级，不是降级！""你知道到哪里能找到饥饿的毛虫吗，—知道的升级，不知道的降级！"这个游戏可以设计许多与学校及儿童相关的问题，还可以与特殊会议的主题相关。家长将认识到阅读和讨论在游戏过程中占据极为重要的地位，因此游戏中的阅读和讨论非常必要。

8. 用以记录、打钩或者备忘的项目清单。可以给参与的家长提供儿童需要用到的技能清单，家长可以把可供使用的设备和资源的名称标识在所需技能旁边。例如：

技能	玩具
拼写单词	电脑"刽子手"游戏
记住东西	找找什么不见了
数数	当值日生
判断大小	玩具娃娃和它的衣服
拼图	乐高积木
……	……

　　我们一再强调，尽管这些材料都是儿童使用的，但活动还是设计的很认真，让家长感到有挑战性的不是尝试像儿童一样游戏，而是揣摩儿童的游戏方式。我们不应该期望家长和其他成人直接模仿儿童的活动：毕竟他们处于不同的发展水平，这就是我们要强调的一个问题——我们每个人都以我们现有的水平进行游戏。在活动过程中，教师可以为家长放映一些他们自己的孩子操作他们现在操作的游戏材料的录像。他们常常从孩子们的所作所为中得到启发，尤其是当他们在游戏中感到困难时——这是给引导游戏做的一个极好的广告！如果从师幼互动的角度看这些录像的话，通过和儿童交流他们的游戏和学习，这些录像也能给出一些很含蓄但是很有价值的信息。

不同的文化，不同的期望

　　正如不同的宗教信条盛行于我们的社会一样，游戏的价值观也随不同的文化背景千差万别。在一些文化中，儿童必须劳动以支持家庭经济，在这种"工作是生存的前提"的观念下，游戏几乎没有任何价值（Whiting，1963，不同文化背景下的例子）。这种情况在亚洲家庭非常普遍，如印度、巴基斯坦、中国等，由于保留着传统的文化价值观，这些国家的人们即便发现自己与主流社会不同，也仍然坚持把游戏视为"不工作"的人们才考虑的事。

教师必须确保通过和父母谈话，让他们明白特定的族群对游戏持有的相对价值。否则，他们不可能对儿童提供适宜的支持。特别是和母亲的交流很重要，因为家庭环境的原因，母亲是最可能和儿童游戏的人。当然，由于语言差别，与母亲交流会更复杂。如果我们确信，在游戏中学习对儿童是最适宜的、极为重要的，那么我们就必须和这些家长交流。

上文介绍的游戏对于任何不同族群的家长都很有用，如果父母双方都能参加学校的开放课就再好不过了（因为后面的相互讨论很重要）；所有的资料、游戏和游戏说明，应该尽可能翻译成不同的语言；在谈话中，通过翻译确保意见得到清楚的表达，问题也就能得到适当的回应。教师应该确保在开始（向父母）解释游戏时，就把游戏和基本课程之间的关系整理得很清晰。手工技能——画画、缝纫、涂画、描绘等——是运用任何语言进行写作的重要前提。在娃娃家为不同尺寸的玩具娃娃穿衣，在科学区测量沙水，都有助于儿童的数学理解和识别数字之间的直接关系（如计数、配对茶杯和吊钩）。

对于生活在多元文化社会中的儿童而言，通过艺术品、服装、故事、节日获得探索不同文化的机会，是极为重要的。来自不同族群的家长，可以在家庭角或商店的多元文化环境创设方面提供宝贵的建议和信息。例如，通过帮助教师建立一个特殊的商店或游戏"房间"，家长可以看到游戏情境中包含如此认真的构思，富含极大的学习元素，并且可能会与其他家长交流自己的发现。

让父母参与游戏的其他方法

某些家长会帮助儿童完成课堂阅读任务，这表示他们也可以承担引导儿童游戏的工作。然而，为了达到让家长更好地理解游戏的价值与目的，应该给他们一些简单的指导，例如：

- 游戏的目标；

- 有待扩充的词汇；

- 需要介绍和提供给儿童的其他材料；

- 期望儿童有什么样的反应。

例如，让家长帮助儿童理解沙盘容量的概念，最初提供的材料是沙盘、几种不同大小的容器和量勺。游戏目标是让儿童明白大容器装得多，小容器装得少。期望儿童掌握的词汇是：沙子、容器、满的、空的、装多、装少、装得一样多。又高又细的容器和又矮又粗的容器，都提供给那些思维需要扩展的儿童，孩子们的一个反应可能是制作不同大小的沙子城堡。这些内容可以写在卡片或信纸上给家长看。通过收集这类卡片，父母们很快就能成为一个有游戏准备的成人。

玩具图书馆是让家长接触游戏材料的一个极好的途径，但是，即便是这里也无法把学校购买的游戏材料展示给家长，无法在卡片上解释这些材料的使用目的。这种情况下，如果能在一旁附上儿童玩游戏的照片，将有一定帮助。玩具图书馆对不同民族背景的家长特别有益，如果能够将家长和幼儿组织成小组，就能鼓励家长经常和自己的孩子一起游戏，也能和其他家长进行交流。

家长"设计与游戏"会议是鼓励父母重视游戏，并真正参与游戏的有效方法。具体做法是：在教师的建议下，一组家长从不同的材料中根据需要精选出一部分，为儿童设计出有趣的和易于呈现的游戏。家长设计的这些游戏，可以放在游戏图书馆中，也可以带回家和孩子一起玩，或者是鼓励家长在学校和儿童一起做游戏。无论哪一种，都能让儿童受益匪浅。

对于刚入学儿童的新家长，邀请他们到幼儿班级里参与儿童的活动，是让他们认识游戏价值的好方法。如果托儿所的条件允许的话，请家长到自己的孩子所在班级之外的其他教室去参观会更有效，因为家长在面对别人的孩子的时候会比较客观。在儿童入学几周后，邀请那些新家长加入小组聚会，参加班上的活动，以帮助家长了解游戏的价值和教师分享专业知识。如果有多余的工作人员，在主班教师与家长交流时，请配班老师帮忙监督班级活动，会让整个沟通进行得更为顺利。

鼓励理解与合作

目前来看，我们在反复强调教师能够为家长和其他感兴趣的成人做点什么，某种意义上说，事实也本该是这样。传统观念中，学校是教师的地盘，如果家长真的想了解其活动过程，必须经过特定的途径进入。然而，强调家长的参与，并不意味着教师就不必重视家庭环境。正如基尔克斯（Gilkes，1987：107）所指出的，优秀的教师为了孩子的利益期望与家长紧密合作，他们需要"理解家庭，也应该具有适应性、灵活性、非判断性，以及关心和理解他人的能力"。幼儿教师往往是对家长与幼儿之间互动进行干预的人，公平地讲，有些家长无法接受与他人"分享"一个原本完全由自己负责的孩子。如果孩子没有被划入到"一边"的话，家长和教师不可避免地要建立一种合作关系，或许是教师家访，或许是邀请家长造访孩子所在的班级。

目前，越来越多的研究证明（详见 Bloom，1979；Hannon and Jackson，1987；Schofield，1979），家校合作与儿童的教育和学习态度发展有密切关系，特别是由哈林杰（Haringey）和贝菲尔德（Befied）所发起的阅读工程证明了这一点。有关家长参与对儿童教育的持久影响的例子，最著名的要属开端计划（Headstart）和佩里学前方案（Ypsilanti Perry Pre-school Projects）（参见 Weikart *et al.*，1978；Zigler and Valentine，1979）。奥斯本和米邦（Osborn and Mibank，1978）在英国做了多方面的研究，包括家长的投入对儿童学习发展的影响，并且提到母亲参与学前教育对儿童以后的学校教育有显著的影响。还有一些学者指出，家长在儿童发展和教育过程中，具有极其重要的作用（Grotberg，1979），特别是儿童的语言发展方面，其作用更加明显（Tizard and Hughes，1984；Wells，1985）。

阿金斯达尔（Arkinstall，1987：163）也提醒我们：父母和教师之间的合作关系是永远不相等的，因为家长和老师的角色是不相同的。但是在教育过程中，双方能够并且必须接受彼此的差异，并且双方应当相互补充而不是相互竞争。

结语

我们都以当前的主流文化的观点来考察教育，这必须以历史为基础。自 1870 年（英国）公立教育开始，在成人观念中，语言和数字的基本技能学习在学校占据绝对支配地位。今天，这种观点依旧存在，不仅受本土居民支持，而且已经受到当今社会中的不同族群的人的认可（Farquhar et al.，1985）。他们之所以保留这种观点，是因为人们依旧认为教育结果比教育过程重要。造成这种情况的部分原因是，一直到最近，成绩责任制和考试体系在某种程度上要求教师强调儿童做了什么而不是他们如何做到。后来，新的考试体系中的连续评估，较少强调考试本身和考试结果，使得教育过程在评价中渐渐占有一席之地。前些年，教师提倡幼儿教育应当在家庭和社区中得以延续和维持，因此，这就意味着，父母和他人之间应当分享某种促进儿童学习的条件。游戏就是这样一种前提条件——如果鼓励父母和其他成人了解游戏真正的价值。

通过鼓励家长（和其他成人），以尽可能适合学校情况的形式参与到学校活动中，我们所做的要远远超出基本技能的教学；正如道林（Dowling，1988：98）所指出的，那些不重视儿童早期教育的家长会使托儿所和学校独自承担儿童教育的繁重任务。

问题不在于"我们能否这样做"，而在于"对孩子来说这样做对吗"？无论遇到哪方面的困难，教师需要与父母建立和谐合作的伙伴关系，尤其是在对儿童游戏的价值认识方面。我们往往很在意家长的意见，在决策有关课程、游戏、活动或者其他方面的问题时，总是确保把家长的要求考虑在内。但是，这就存在一个重要的问题，正如凯茨（Katz，1985：67）提醒我们的："对家长期望的敏感和对家长的妥协，是有区别的。"

关于对学校当中游戏的认识，成人和儿童之间存在着一种有趣但又自相矛盾的认识：如众多教师所知，当询问儿童父母和其他成人靠什么生存的时候，孩子们几乎不相信教师在工作！"但是你一天都和我们在一起！"是儿童经常的反应。相反，父母却很难相信他们的孩子是在一个以游戏为基础的环境中学习和"工作"，这里包含着一个对各方都很值得认真考虑的信息。

家长有配合学校工作的义务，这已经写进法律，但是，要让家长主动地与学校合作，还需要一段时间的努力。小学家长管理委员会不仅要了解学校课程，而且要了解课程原则的实施方法，尤其是在游戏过程中实施的课程。这给教师增加了沉重的负担，正如伍德赫德（Woodhead，1981：250）所说的，教师必须确保自己在沟通学校内外以促进儿童学习的过程中起着至关重要的联结作用。

第十章 儿童期与成人期的游戏

更丰富？更贫乏

毫无疑问，无论有关儿童和成人游戏的理论有多完善，仍有人怀疑游戏的价值，至少对其中的教育价值有所怀疑。大部分人认为，儿童迟早要适应"工作"的世界，这个适应过程越快越好，尽管这并不是一个愉快的过程。其实这种想法很糟糕，它把儿童视为"等待中的成人"，否认了儿童应该拥有与其年龄相适宜的童年的权利（Dowling，1987：10）。这种观点也是与现实不相符的。我们这一代人面对的社会情况是：完全的工作时间减少，而休闲时间增多。同时，我们也看到社会上的不良行为和暴力现象迅速增加。显然，这在一定程度上，与人们不知道如何有效、合理地运用闲暇时间有关。游戏并没有脱离生活，它是生活不可缺少的一部分（Schiller，1954），而且，它能使我们更好地了解自己，了解我们的生命。萨顿·史密斯（Sutton-Smith）曾指出，"游戏可以规划生活"，此外，他还指出"韦斯顿（Western）将游戏视为对生活的模仿，这种观点是极为错误的"（Sutton-Smith，1986：138～139）。

大部分有游戏经验（业余爱好、体育运动、纸牌和棋盘游戏、机会游戏、计算机与电玩游戏、探索新素材的游戏、场景游戏等）的成人往往会认为，游戏并没有让他们脱离生活，相反，如果没有这些游戏，他们的生活将更乏味。如果我们也确信这一点，那么为什么要剥夺儿童玩游戏的机会，为什么不鼓励成年人开展更多的游戏呢？例如，运动人员参加的激烈的、竞赛类的活动，令很多人感到敬佩，成功时，人人都能体验到他们的成就感；结果不尽如人意时，人们也能理解其沮丧；甚至还能感受到激烈运动后，放松时身体的安定感觉。但是，为什么我们只理解成人的这些情绪、体验和成就感，对他们表示认同甚至钦佩，却否认儿童也有同样的需求呢？

图片 14　沉迷于成人游戏的人们常思考如果没有这些游戏，生活将变得多么的枯燥。

　　虽然儿童并不是简单的"小大人"，虽然他们还很不成熟、很幼稚，但是他们也和成人一样有知觉、情感、社会性和智力发展的需要。既然这样，为什么我们还常期待儿童去做那些我们自己不情愿做，甚至认为没有意义的事呢？如果我们想参加某项对我们而言很重要的活动，可是有人总是否认或阻止我们，那我们必定会被他们的行为激怒！图 10.1 列出了儿童的一些基本需要，成人应该阅读这个列表，并在那些自己也同样需要的内容上打钩，结果将令人很意外！

　　在学校里，基本技能和基本需要缺一不可，这就是引导游戏之所以重要的原因所在。某些基本需要可以在自由游戏中得到满足，某些基本技能也可以通过这种方式得到发展，但是，有更多方面的发展，需要教师为儿童提供一定的挑战和目标，才能使儿童获得自我形象、自信、成就感和基本技能。克拉克（Clark，1988：277）在研究中指出：

观察研究表明，自由游戏情境在促进幼儿学习上是有潜力的……教师必须小心仔细地设置游戏情境，成人在游戏组织中起关键作用，并且应该在儿童游戏中进行选择性干预。

她还指出，大多数儿童在游戏中需要比平时更大的挑战。在儿童的学习过程中和游戏中设定一定的标准，必然会激发儿童对游戏质量的期待，学习环境也随之变得丰富。

以下内容中，你认为符合你的需要的请打"√"：

需要睡觉和休息

无论在室内还是在室外，都需要温暖和舒适

享受美味的食物和饮料

呼吸新鲜空气和锻炼身体

健康的身体和健康的生活方式

身心舒适与享受生活

有机会与人交谈并发展语言和交流能力

经常欣赏书、画、诗和书法作品

写字、画画并常常得到他人的评分

欣赏歌曲、音乐和各种声音

试用新词语、词组、词汇与创造新术语

模仿别人，尝试别人的做法

有可以嬉闹的场合

爱别人和得到别人的爱的机会

关心自己和他人的机会

温柔和充满爱意的环境

与不同年龄和不同类型的人打交道

有机会闻一闻

有机会做点破坏性的事情

有机会做些建设性的事情

有机会成为一名观察者

有机会表现创造性

有机会冒险

有机会参与竞争

有机会取得成功

有机会积聚身体的能量

有机会放松身体

有机会接受精神挑战

有机会放松精神

有机会独处

暂时躲避现实世界

发挥想象力

做白日梦与实现愿望

拥有朋友并善于社交

探索研究新的经验和时机

操作不同的物体和接触事物

运用嗅觉和味觉

享受视觉上的迷人景色

好奇心的满足

各种感官得到刺激

欣赏幽默并富有幽默感

有时想占有和得到

请依照你的真实感受填写！

图 10.1　幼儿最基本的需要

与儿童一起游戏

　　已有研究表明，成人的干预可以使儿童游戏得以强化和深入。唐布瑞林（Tamburrini，1982：215）的研究发现，教师和儿童一起玩游戏时，依据儿童的意图，采用相应的指导"扩展"模式，不仅有利于儿童的学习，而且能正确发挥游戏的价值。事实上，对这一观点的论证，正是本书的线索所在。然而，要确保良好的互动，的确需要成人喜欢并重视与儿童一起游戏。那些认为儿童的游戏枯燥乏味的人，往往是不了解儿童的成人，这些人应该仔细反省自己的观点。有证据表明，在某些成人的思想中，"工作至上"的观念依然根深蒂固，在他们看来游戏是没有价值的。

　　与谈话一样，在游戏中，平等的合作伙伴、各方的支持和鼓励是非常重要的。即便是引导游戏，也应当注意指导的方式，可以为儿童提供，如"我想知道将会发生什么事？"之类的提示语，或是提供成人自身的游戏经验，例如，提前构建好的模型（如果选择这种方式，可以为孩子提供半成品性质的模型，或者是结构简单的玩具，因为我们要的不是让儿童效仿，而是让他们将自己的理解、知识和想象融入其中。）平等的合作伙伴，意味着公正地评价双方的行为，儿童将对自己尊重和信任的、被自己视为同伴的成人做出回应。这最终在提醒我们，教师、成人以及儿童各自重视的是什么。如果我们仅重视"工作"和儿童的书面作品，那么我们将会把所有时间和注意力转移到这方面。但是，众多的已有研究表明，我们目前所强调的重点是对儿童的误导，甚至对儿童的学习是十分有害的。例如，如果在某人还没有抽象思考的能力时，就要求他学习，那么他将很容易厌倦甚至憎恶它。在斯堪的纳维亚（Scandinavia）地区，对儿童的保育教育以及与之相关的游戏活动一直持续到儿童7岁，因此，那里没有文盲。拉莱（Lally，1988：13）曾提出如下的疑问：

为什么我们非要将过去使我们许多人失望的教育方式再强加给我们的孩子呢？为什么我们不愿意承认，我们的大部分知识是从有趣的、启发我们的、好玩的游戏经验中学到的？

　　这表明，游戏也可以引导儿童进步，也可以产生有效的教育结果。拉莱的话应该用来说服所有的成年人（包括家长），使他们相信游戏是一种与学习紧密相连的值得重视的活动。

　　许多教师认为，游戏往往导致儿童的学习"杂乱无章"；事实上，教师所指的"杂乱"并不是视觉或应用的角度，而是指儿童在游戏中缺少正规完整的"学习"，教师总是迫切希望儿童迅速进入系统的学习中。如果我们为儿童着想，就应该抵制这种"整齐划一"的愿望。5岁的儿童不可能突然提出要玩沙、水和社会性游戏。从儿童发展的角度看，他们只是刚刚开始探索这些材料可能的用途。他们需要的是更多的引导游戏，以他们现有的知识为基础，借助游戏材料学习更多的知识。如果教师持续重视用这些材料开发儿童的学习潜力，并为儿童的学习提供指导，那么儿童对这些活动的需要也不会在8岁时就停止。

　　显然，游戏绝不能成为"工作"的奖励。那样会贬低游戏的价值和作用，也会让儿童、家长和其他成人形成这样一种观点：只有从事学业活动才能进行游戏。正如第九章提到的，这就否认了家长在幼儿园之前和之后发挥的教育作用。同样，我们必须肯定的是，儿童在学校玩的游戏与儿童自己玩时的游戏有很大不同（Sutton-Smith and Kelly-Byrne，1984）。事实也应该是这样，因为老师有责任为孩子们提供有结构的游戏。毕竟，依照凯米（Kamii）和德渥里斯（Devries）的观点，教师的作用就是"提供材料，指导活动，评价儿童从这一刻到另一刻脑中的想法"（Kamii and DeVries，1977：406；最初的观点）。

结语

　　本书并没有用很大的篇幅来介绍玩什么游戏和如何玩游戏，因为教师太了解这些游戏了。作为受过训练的专业人员，他们需要的是运用技巧和方法，借助游戏活动促进儿童的学习。本书的重心在于"为什么"：为什么我们应该在教室里鼓励、促进、重视和发起游戏活动？为什么我们要加入活动中？希望本书能引起部分教师和成人对游戏的关注，希望书中某些部分的内容能使读者在游戏理论和游戏过程方面受到启发。书中有关游戏过程的理论，为幼儿教育工作者提供了一些原则，这比课堂实践活动方案（例如，Bruce，1987；Curtis，1986；Dowling，1988）更受欢迎。本书也尝试为游戏和幼儿教育的其他方面提供了一些原则，并为这些原则付诸实践提供了具体的操作性指导。

　　由于游戏活动缺乏"整齐性"，因此本书不可能列出整齐细致的课堂游戏"规则"。只能探索这样的过程，以便让游戏在更多的教室里更有效地发挥促进儿童学习和发展的作用。当然，还有许多内容本书没有提及，但是这些内容是值得进一步研究的议题，例如，如果鼓励更多的成人和儿童一起游戏，理解儿童的发展和需求，儿童受到虐待的事件是否会减少？成人参与儿童游戏的障碍是什么：是时间、兴趣还是动机？……游戏确实是一个能够减少社会传统性别偏见的方法。通过探索游戏中更广泛的互动，从儿童早期开始，可以进一步鼓励孩子多参与游戏，并为孩子的游戏提供更多资源。

　　整本书中，我们都尽可能地回避"玩具"这个词。玩具是儿童的学习资源，孩子们深受这些材料的吸引：考虑到它们内含的意义，把它们视为"玩具"几乎是一种轻视。有时候，面对"游戏"这个术语是件伤脑筋的事，我更喜欢用"在沙中工作"或者"用砖块工作"作为代替，因为这样可以避免游戏导致的（人们认为儿童整天总是在"玩"的）难题。如米拉（Millar，1968：256）所指出的："成人有时游戏就是在玩，但是儿童的'游戏'则有更多内涵。"

同时，本书力图提供另外一些有关游戏的明确信息。学校游戏和家庭游戏有而且应该有很大差别：父母有权提出这种期望，即对儿童而言，学校和家庭两个环境都应该保持多样性和趣味性。如果教师和家长都能对游戏有适当的理解，并在学校和家庭这两个环境中提供游戏，那么它将涵盖这两种环境中儿童的全部发展。此外，它还将在这两种环境中发挥适当的作用，正如游戏在其他情境中的作用一样（如与同伴在街上或在公园游戏）。在学校，游戏可以是探索的、自由的或定向的，最基本的是，不管什么形式的游戏，都应该包含尝试错误的过程，把错误视为学习过程中一个很重要的部分，在此基础上促进儿童进步。教师应发展自身必需的技能，通过观察儿童不同的活动，在其游戏行为中判断发生了什么样的学习。教师也可以考虑实施课程，但不是在游戏中寻找课程，而是通过游戏的形式实施课程，把游戏作为儿童展示某种行为的过程和模式。

图片15　玩具是儿童的学习资源，他们积极地使用这些玩具材料。

对 4～8 岁的儿童而言，游戏就像吃饭、睡觉一样自然，并且他们能从游戏中学到很多。但是他们也通过其他有趣的途径学习，教育者的一个重要任务就是确保这些活动有趣。最后，儿童和成人应在一切可能的情况下进行游戏活动，如果他们一起游戏，双方都将获益，这将保证儿童和成人在更大程度上理解彼此的情感、态度、想法和差异。

成人游戏和儿童游戏的最大区别，也许可以用最后这句话来概括：儿童游戏是为了面对现实世界，而成人游戏则是为了逃避现实世界！

参考文献

Almy, M. (1977). Piaget in action. *In* Smart, M. and Smart, R. (Eds), *Readings in Child Development and Relationships*. New York: Macmillan.

Arkinstall, M. (1987). Towards a partnership: The Taylor Report, School Government and Parental Involvement. *In* Lowe, R. (Ed.), *The Changing Primary School*. Lewes: Falmer Press.

Armstrong, M. (1980). *Closely Observed Children: The Diary of a Primary Classroom*. London and Richmond: Writers and Readers in association with Chameleon.

Arnberg, L. (1987). *Raising Children Bilingually: The Preschool Years*. Bristol: Multilingual Matters.

Attenborough, D. (1988). *Wildlife on One*. 28 March. BBC Television.

Baker, C. (1980). *Reading Through Play*. London: Macdonald Educational.

Ballard, K. D. and Crooks, T. J. (1985). Individual preference for peer interaction: Some data on the self-report measure for preschool children. *Exceptitional Child*, 32(2), 81-86.

Bate, M., Smith, M. and James, J. (1982). *Review of Tests and Assessments in Early Education* (3-5 Years). Windsor: NFER/Nelson.

Bee, H. (1985). *The Developing Child*, 4th edn. New York: Harper and Row.

Bee, H. and Mitchell, S. (1988). The developing child: Stages of development in childhood. *In* Cohen, A. and Cohen, L. (Eds), *Early Education: The Preschool Years. A Sourcebook for Teachers*. London: Paul Chapman.

Bekoff, M. and Byers. J. A. (1981). A critical analysis of the ontogeny and phylogeny of mammalian social and locomotor play: An ethological hornet's nest. *In* Immelman, K., Barlow, G. W., Petrinovich, L. and Main, M. (Eds), *Behavioural Development*. Cambridge: Cambridge University Press.

Bennett, N. (1976). *Teaching Styles and Pupil Progress*. London: Open Books.

Bennett, N., Desforges, C., Cockburn, A. and Wilkinson, B. (1984). *The Quality Pupil Learning Experiences*. Hillsdale, N. J.: Lawrence Erlbaum Associates.

Berlyne, D. E. (1965). *Structure and Direction in Thinking*. New York: John Wiley.

Bettleheim, B. (1981). What happens when a child plays? *In* Strom, R. (Ed.), *Growing Through Play: Readings for Parents and Teachers*. Monterey, Calif.: Brooks/Cole.

Blatchford, P., Battle, S. and Mays, J. (1982). *The First Transition: Home to Preschool*. Windsor: NFER/Nelson.

Bloom, W. (1987). *Partnership with Parents in Reading*. London: Hodder and Stoughton/UKRA.

Bradley, L. and Bryant, P. (1985). *Rhyme and Reason in Reading and Spelling*. Ann Arbor. Mich.: University Of Michigan Press.

Branthwaite, A. and Rogers, D. (Eds) (1985). *Children Growing Up*. Milton Kevnes: Open University Press.

Brennan, W. K. (1979). *Curricular Needs of Slow Learners*. London: Evans/ Methuen for School Council.

Brierley, J. (1987). *Give Me a Child Until He is Seven*. Lewes: Falmer Press.

Bright Ideas for Language Development (1984). Leamington Spa:
Scholastic Publications/Ward Lock Educational.

Bronfenbrenner, U. (1979). Forward. *In* Chance, P. , *Learning Through
Play*. New York: Gardner Press.

Brown, A. L. and Campione, J. C. (1978). The effects of knowledge and
experience on retrieval plans for studying from texts. *In* Gruneberg,
M. M. , Morris, P. E, and Sykes, R. N. (Eds), *Practical Aspects of
Memory*. London and San Diego: Academic Press.

Bruce, T. (1987). *Early Childhood Education*. London: Hodder and
Stoughton.

Bruner, J. S. (1971). The growth and structure of skill. *In* Connolly,
K. J. (Ed.), *Motor Skills in Infancy*. London and San Diego: Aca-
demic Press.

Bruner, J. S. (1972). The nature and uses of immaturity. *American
Psychol.* 27, 687-708.

Bruner, J. S. (1973). *The Relevance of Education*. New York: W.
W. Norton.

Bruner, J. S. (1977). Introduction. *In* Tizard, B. and Harvey, D. (Eds),
The Biology of Play. London: Spastics International Medical Publi-
cations.

Bruner, J. S. , Okver, R. R. and Greenfield P. M. (1976). *Studies in
Cognitive Growth*. New York: John Wiley.

Bruner, J. S. , Jolly, A. and Sylva, K. (Eds) (1977). *Play: Its Role
in Development and Evolution*. Harmondsworth: Penguin.

Burghardt, G. M. (1984). On the origins of play. *In* Smith, P. K. (Ed.),
Play in Animals and Humans. Oxford: Basil Blackwell.

Burns, M. (1987). Reactions to problem solving. *In* Fisher, R. (Ed.),
Problem Solving in Primary Schools. Oxford: Basil Blackwell.

Carey, S. (1974). Cognitive competence. *In* Connolly, K. and Bruner,

J. (Eds), *The Growth of Competence*. London and San Diego: Academic Press.

Case, R. (1982). *Intellectual Development: A Systematic Reinterpretation*. London and San Diego: Academic Press.

Chazan, M. and Laing, A. (1982). *The Early Years*. Milton Keynes: Open University Press.

Chazan, M., Laing, A. and Harper, G. (1987). *Teaching Five to Eight Year Olds*, Oxford: Basil Blackwell.

Child, D. (1985). The growth of intelligence and creativity in young children. *In* Branthwaite, A. and Rogers, D. (Eds), *Children Growing Up*. Milton Keynes: Open University Press.

Clark, M. M. (Ed.) (1985). *Helping Communication in Early Education*. Educational Review Occasional Publication No. 11, Faculty of Education, University of Birmingham.

Clark, M. M. (1988). *Children Under Five: Educational Research and Evidence*. Londan: Cordon and Breach.

Claxton, G. (1984). *Live and Learn: An Introduction to the Psychology of Growth and Change in Everyday Life*. London: Harper Row.

Cleveland Enquiry (1988). *Report of the Enquiry into Child Abuse in Cleveland 1987*. Chair-Rt Hon Lord Justice Butler-Sloss Cmnd 412. London: HMSO.

Clifford, A. (1983). Pupils, parents and teachers: The dynamics of relationships. *Early Child Development and Care*, 11 (3/4), 275-283.

Coates, E. (1985). An examination of the nature of young children's discussions. *In* Clark, M. M. (Ed.), *Helping Communication in Early Education*. Educational Review Occasional Publication No. 11, Faculty of Education, University of Birmingham.

Cohen, A. and Cohen, L. (Eds) (1988). *Early Education: The Pre-*

school Years. A Sourcebook for Teachers. London: Paul Chapman.

Cohen, D. (1987). *The Development of Play.* London: Croom Helm.

Cohen, N. (1988). Guilty Secrets. Report on the work of Madge Bray. *Times Educational Supplement*, 5 February, p. 25.

Combs, A. W. (1982). *A Personal Approach to Teaching: Beliefs that Make a Difference.* Boston: Allyn and Bacon.

Connolly, K. and Bruner, J. S. (Eds) (1974). *The Growth of Competence.* London and San Diego: Academic Press.

Crayhay, M. (1980). *Characteristiques Socio-Culturelles de la Population Scolaire et Curriculum Realise dans Quatres Classes Maternelles.* Document de Travail. Laboratoire de Pedagogie Experimentale. University de Liege, Belgium.

Croll, P. (1984). *Systematic Classroom Observation.* Lewes: Falmer Press.

Cummins, J. (1982). Mother-tongue maintenance for minority language children: Some common misconceptions. Paper prepared for a Conference on Bilingualism and Education. Aberystwyth, September.

Currie, M. and Foster, L. (1975). *Classes and Counts.* Teaching 5 to 13 series. London: Macdonald.

Curtis, A. (1986). *A Curriculum for the Pre-School Child: Learning to Learn.* Windsor: NFER/Nelson.

Curtis, A. and Wignall, M. (1981). *Early Learning: Assessment and Development.* London: Macmillan.

Dansky, J. L. (1980). Make-believe: A mediator of the relationship between play and associative fluency. *Child Development*, 51, 576-579.

Danksy, J. L. and Silverman, I. W. (1977). Effects of play on associative fluency in pre-school children. *In* Bruner, J. S., Jolly, A. and Sylva, K. (Eds), *Play: Its Role in Development and Evolution.* Harmondsworth: Penguin.

参考文献

193

Davis, R. (1985). *A longitudinal study of developmental changes in children's problem solving strateeies between 5 and 9 years.* Ph. D thesis. University of London Institute of Education.

Davis, R., Golby, M., Kernig, W. and Tamburrini, J. (1986). *The Infant School: Past, Present and Future.* Bedford Way Papers 27. London: Institute of Education.

Dawson. R. (1985). *Teachers' Guide to TIPs.* London: Macmillan.

Dean, J. (1983). *Organising Learning in the Primary School.* London: Croom Helm.

De Bono, E. (1972). *Children Solve Probems.* Harmondsworth: Penguin.

Department of Education and Science (1967). *The Plowden Report: Children and Their Primary Schools.* Central Advisory Council for Education(England). London: HMSO.

Department of Education and Science(1978). *The Warnock Report: Special Education Needs.* London: HMSO.

Department of Education and Science(1981). *Curriculum from 5 to 16 .* London: HMSO.

Department of Education and Science(1982a). *First School Survey: Education 5 to 9. An Illustrative Survey of 80 First Schools in England.* London: HMSO.

Department of Education and Science (1982b). *The Cockroft Report: Mathematics Counts.* London: HMSO.

Department of Education and Science(1985a). *Better Schools: A Survey.* London: HMSO.

Department of Education and Science(1985b). *The Swann Report: Education for All.* London: HMSO.

Departtment of Education and Science (1987a). *Primary Schools: Some Aspects of Good Practice.* London: HMSO.

Department of Education and Science(1987b). *The National Curriculum 5 to 16 : A Consultation Document.* The Welsh Office. London: HMSO.

Department of Education and Science(1988a). *The Kingman Report : Report of the Committee of Inquiry into the Teaching of English Language.* London: HMSO.

Department of Education and Science(1988b). *The National Curriculum : Mathematics for Ages 5 to 16 .* The Welsh Office. London: HMSO.

Department of Education and Science(1988c). *The National Curriculum : Science for Ages 5 to 16 .* The Welsh Office. London: HMSO.

Desforges, C. and Cockburn, A. (1988). *Understanding the Mathematics Teacher : A Study of Practice in Fifst Schools.* Lewes: Falmer Press.

Dombey, H. (1983). Learning the language of books. *In* Meek, M. (Ed.), *Opening Moves : Achievement in Writing at* 16 +. London: Schools Council.

Donaldson, M. (1978). *Children's Minds.* Glasgow: Fontana.

Dowling, M. (1987). Understanding under-fives. *Perspective : The Journal for Advisers and Inspectors ,* October, pp. 8-10.

Dowling, M. (1988). *Education 3 to 5 : A Teachers'Handbook.* London: Paul Chapman.

Doyle, K.O. , Jr. (1983). *Evaluating Teaching.* Lexington, Mass. : Lexington Books.

Dufnn, J. (1987). The canoe problem. *In* Fisher, R. (Ed.), *Problem Solving in Primary Schools.* Oxford: Basil Blackwell.

Duncan, A. and Dunn, W. (1988). *What Primary Teachers Should Know About Assessment.* London: Hodder and Stoughton.

Dunn, J. and Wooding, C. (1977). Play in the home and its implications for learning. *In* Tizard, B. and Harvey, D. (Eds), *The Biology of Play.* London: Spastics International Medical Publications.

参
考
文
献

195

Edwards, D. and Mercer, N. (1987). *Common Knowledge: The Development of Understanding in the Classroom*. London: Methuen.

Edwards, V. (1983). *Language in Multicultural Classrooms*. London: Batsford.

El'Kounin, D. (1982). Symbolics and its functions in the play of children. *In* Herron, R. E. and Sutton-Smith, B. (Eds), *Child's Play*. New York: John Wiley.

Equal Opportunities Commission (n. d.). *Equal Start: Guidelines for Working with thc Under-fives*. Manchester: EOC.

Erikson, E. H. (1950). *Childhood and Society*. New York: W. W. Norton.

Evertson, C. M. and Brophy, J, E. (1974). *The Texas Teacher Effectiveness Project*. An ERIC Report. Washington: National Institute of Education.

Farquhar, C., Blatchford, P., Burke, J., Plewis, I. and Tizard, B. (1985). Parents and teachers: A comparison of the views of parents and reception teachers. *Education* 3-13, 13(2), 17-22.

Fein, G. G. (1981). Pretend play in childhood: An integrative view. *Child Development*, 52(4), 1095-1118.

Feitelson, D. (1977). Cross-cultural studies of representational play. *In* Tizard, B. and Harvey, D. (Eds), *The Biology of Play*. London: Spastics International Medical Publications.

Fisher, R. (Ed.)(1987). *Problem Solving in Primary Schools*. Oxford: Basil Blackwell.

Fontana, D. (Ed.)(1984). *The Education of the Young Child*, 2nd edn. London: Open Books.

Freyberg, J. (198 1). Unpublished study. Quoted in Pulaski, M. A. S., The rich rewards of make believe. *In* Strom, R. (Ed.), *Growing Through Play: Readings for Pdrents and Teachers*. Monterey, Calif.: Brooks/Cole.

Froebel, F. (1826). *The Education of Man*. New York: Appleton.

Gagne, E. M. (1970). *The Conditions of Learning*, 2nd edn. New York: Holt, Rinehart and Winston.

Galton, M., Simon, B. and Croll, P. (1980). *Inside the Primary Classroom*. London: Routledge and Kegan Paul.

Gardner, J. K. and Gardner, H. (1975). *Studies of Play: An Original Anthology*. NJ.: Ayer.

Garvev. C. (1977). *Play*. London: Fontana.

Gessell, A., Ilg, F. L. and Ames, L. B. (1973). *The Child from Five to Ten*. London: Hamish Hamilton.

Gilkes, J. (1987). *Developing Nursery Education*. Milton Keynes: Open University Press.

Goodnow, J. (1977). *Children's Drawings*. Glasgow: Collins/Fontana.

Groos, K. (1898). *The Play of Animals*. New York: Appleton.

Grotberg, E. (1979). The parental role in education and child development. *In* Doxiades, S. (Ed.), *The Child in the World Tomorrow*. Oxford: Pergamon.

Guilford, T. P. (1957). Creative abilities in the arts. *Psychological Review*, 64, 110-118.

Halford, G. S. (1980). Towards a redefinition of cognitive developmental stages. *In* Kirby, J. R. and Biggs, J. B. (Eds), *Cognition, Development and Instruction*. London and San Diego: Academic Press.

Hall, N. (1987). *The Emergence of Literacy*. London: Hodder and Stoughton/ UKRA

Halliday, J. K. (1975). *Learning How to Mean*. London: Edward Arnold.

Hannon, P. and. Jackson, A. (1987). *The Belfield Reading Project: Final Report*. Belfield County Council/National Children's Bureau.

Hans, J. S. (1981). *The Play of the World*. Cambridge, Mass.: Uni-

参考文献

versity ot Massachusetts press.

Hargreaves, D. H. (1975). *Interpersonal Relations and Education* (Student edition). London: Routledge and Kegan Paul.

Herron, R. E. and Sutton-Smith, B. (Eds) (1982). *Child's Play*. New York: John Wiley.

Holdaway, D. (1979). *The Foundations of Literacy*. Sydney: Ashton Scholastic.

Holt, J. (1972). *How Children Learn*. Harmondsworth: Penguin.

Holt, J. (1975). *Escape from Childhood*. Harmondsworth: Penguin.

Houlton, D. (1985). *All Our Languages: A Handbook for the Multilingual Classroom*. London: Edward Arnold.

Houlton, D. and Willey, R. (1985). *Supporting Children's Bilingualism*. Schools Council/SCDC Publications Prog. 4.

Hughes, M. (1986). *Children and Number*. Oxford: Basil Blackwell.

Hutchcroft, D. (1981). *Making Language Work*. Maidenhead: Mc Graw-Hill.

Hutt, C. (1966). *Exploration and Play in Children*. Symposia of the Zoological Society of London, 18. London and San Diego: Academic Press.

Hutt, C. (1979). Play in the under 5's: Form, development and function. *In* Howells, J. G. (Ed.), *Modern Perspectives in the Psychiatry of Infancy*. New York: Brunner/Marcel.

Hutt, C. (1982). Exploration and play in children. *In* Herron, R. E. and Sutton- Smith, B. (Eds), *Child's Play*. New York: John Wiley.

Hyland, D. (1984). *The Question of Play*. Lanham: University Press of America.

Ingram, D. (1988). Pupil experiences. *In* Lang, P. (Ed.), *Thinking About... Personal and Social Education in the Primary School*. Oxford: Basil Blackwell.

Irwin, E. and Frank, H. (1981). Facilitating the play process with LD children. *In* Strom, R. (Ed.), *Growing Through Play: Readings for Parents and Teachers.* Monterey. Calif.: Brooks/Cole.

Isaacs, S. (1930). *Intellectual Growth in Young Children.* London: Routledge and Kegan Paul.

Jeanrenaud, C. and Bishop, D. (1980). Roadblocks to creativity through play. *In* Wilkinson, P. (Ed.), *In Celebration of Play: An Integrated Approach to Play and Child Development.* London: Croom Helm.

Johnson, J. E. (1976). Relations of divergent thinking and intelligence test scores with social and non-social make-believe play of pre-school children. *Child Development*, 47, 1200-1203.

Jowett, S. and Sylva, K. (1986). Does kind of pre-school matter. *Educational Research*, 28(1), 21-31.

Kalverboer, A. F. (1977). Measurement of play: Clinical applications. *In* Tizard, B. and Harvey, D. (Eds), *The Biology of Play.* London: Spastics International Medical Pubhcations.

Kamii. C. and DeVrieS, R. (1977). Piaget for early education. *In* Day, M. C. and Parker, R. K. (Eds), *The Pre-school in Action: Explaining Early Childhood Programs.* Boston: Allyn and Bacon.

Katz, L. G. (1985). Fostering communicative competence in young children. *In* Clark, M. M. (Ed.), *Helping Communication in Early Education.* Educational Review Occasional Publication No. 11, Faculty of Education, University of Birrmingham.

Kerry, T. and Tollitt, J. (1987). *Teaching Infants.* Oxford: Basil Blackwell.

King, R. (1978). *All Things Bright and Beautiful?* London: John Wiley.

Kirklees Metropolitan Council (1985). *Guidelines for the Curriculum in the Early Years: A Discussion Document.* Self published by Kirklees

L. E. A.

Lally, M. (1988). 'Work is child's play'. *Times Educational Supplement*. 19 August, p. 13.

Lancy, D. F. (1981). Play in species adaptation. *Annual Review of Anthropology*, 9, 471-495.

Lee, C. (1977). *The Growth and Development of Children*. London: Longman.

Levy, A. K. (1984). The language of play: The role of play in language development. *Early Child Development and Care*. 17(1). 49-61.

Lewis, M. (1982). Play as Whimsy. *Behavioural and Brain Sciences*, 5, 166.

Lieberman, J. N. (1977). *Playfulness: Its Relationship to Imagination and Creativity*. London and San Diego: Academic Press.

Loizos, C. (1969). Play behaviour in higher primates: A review. *In* Morris, D. (Ed.), *Primate Ethology*. Chicago: Aldine.

Lowe, R. (Ed.)(1987). *The Changing Primary School*. Lewes: Falmer Press.

MacDonald, H. M. (1985). Sex differences in the development of cognitive ability. *In* Branthwaite, A. and Rogers, D. (Eds), *Children Growing Up*. Milton Keynes: Open University Press.

Maher, P. (Ed.)(1987). *Child Abuse: The Educational Perspective*. Oxford: Basil Blackwell.

Manning, K. and Sharp, A. (1977). *Structuring Play in the Early Years at School*. London: Ward Lock Educational/Schools Council.

Manning, M. and Herrmann, J. (1988). The relationships of problem children in nursery schools. *In* Cohen, A. and Cohen, L. (Eds), *Early Education: The Pre-school Years. A Sourcebook for Teachefs*. London: Paul Chapman.

Marzollo, J. and Lloyd, J. (1972). *Learning Through Play*. London: George Allen and Unwin.

Meek, M. (1985). Play and paradoxes: Some considerations of imagination and language. *In* Wells, G. and Nicholls, J. (Eds), *Language and Learning: An Interactional Perspective*. Lewes: Falmer Press.

Millar, S. (1968). *The Psychology of Play*. Harmondsworth: Penguin.

Millman, J. (Ed.) (1981). *Handbook of Teacher Evaluation*. Beverley Hills, Calif.: Sage Publications.

Mohan, M. and Hull, R. E. (1972). *Teaching Effectiveness: Its Meaning, Assessment and Improvement*. Englewood Cliffs: Educational Technical.

Morris, D. (Ed.)(1969). *Primate Ethology*. Chicago: Aldine.

Moyles, J. R. (1986). The whole picture. *Chld Education*, 62 (3), 10-11.

Moyles, J. R. (1988). *Self-evaluation: A Primary rileacher's Guide*. Windsor: NFER/Nelson.

Musselwhite, C. R. (1986). *Adaptive Play for Special Needs Children*. San Diego: College Hill Press.

Mussen, P. H., Conger, J. J. and Kagan, J. (1965). *Child Development and Personality*. New York: Harper and Row.

Nash, R. (1984). *Classrooms Observed*. London: Routledge and Kegan Paul.

National Writing Project (1988). *About Writing: The SCDC National Writing Project*. London: SCDC.

Needles, D. J. (1980). Dramatic play in early childhood. *In* Wilkinson, P. (Ed.), *In Celebration of Play: An Integrated Approach to Play and Child Development*. London: Croom Helm.

Newson, E., Head, J. and Mogford, K. (1973). Play in the remediation of handicap. Unpublished Report, University of Nottingham.

Nisbet, J. D. and Shucksmith, J. (1986). *Learning Strategies*. London: Routledge and Kegan Paul.

参
考
文
献

Nord, J. R. (1980). Developing listening fluency before speaking: An alternative paradigm. *System*, 8, 1-22.

Norman, D. A. (1978). Notes towards a complex theory of learning. *In* Lesgold, A. M. (Ed.), *Cognitive Psychology and Instructions*. New York: Plenum.

Opie, I. and Opie, P. (1959). *The Lore and Language of Schoolchildren*. Oxford: Clarendon Press.

Opie, I. and Opie, P. (1969). *Children's Games in Street and Playground*. Oxford: Clarendon Press.

Osborn, A. F. and Milbank, J. F. (1987). *The Effects of Early Education*. Oxford: Clarendon Press.

Peacocke, R. W. (1987). Education 4-9: Early childhood does not end at 5. *Nws From BAECE*, 17, 4-5.

Pellegrini, A. D. (1985). The relations between symbolic play and literate behaviour: A review and critique of the empirical literature. *Review of Educational Research*, 55(1), 107-121.

Pepler, D. J. (1982). Play and divergent thinking. *In* Pepler, D. J. and Rubin, K. H. (Eds), *The Play of Children: Current Theory and Research*. Basel: S. Karger.

Pepler, D. J. and Rubin, K. H. (Eds) (1982). *The Play of Children: Current Theory and Research*. Basel: S. Karger.

Piaget, J. (1926). *The Language and Thought of the Child*. London: Routledge and Kegan Paul.

Piaget, J. (1950). *The Psychology of Intelligence*. London: Routledge and Kegan Paul.

Piaget, T. (1951). *Play, Dreams and Imitation in Childhood*. London: Heinemann.

Piaget, J. (1966). Foreward. *In* Almy, M. (Ed.), *Young Children's Thinking*. New York: Teachers College Press.

Piers, M. W. and Landau, G. M. (1980). *The Gift of Play and Why Children Cannot Thrive Without it*. New York: Walker and Co.

Pluckrose, H. (1984). Learning and teaching art and craft skills. *In* Fontana, D. (Ed.), *The Education of the Young Child*, 2nd edn. London: Open Books.

Prosser, G. (1985). Play-a child's eye view. *In* Branthwaite, A. and Rogers, D. (Eds), *Children Growing Up*. Milton Keynes: Open University Press.

Pulaski, M. A. S. (1981). The rich rewards of make-believe. *In* Strom, R. (Ed.), *Growing Through Play: Readings for Parents and Teachers*. Monterey, Calif.: Brooks/Cole.

Richards, C. (1987). The Curriculum from 5-16: Background, content and some implications for primary education. *In* Southworth, G. (Ed.), *Readings in Primary School Management*. Lewes: Falmer Press.

Riess, A. (1981). Unpublished study. Quoted in Pulaski, M. A. S., The rich rewards of make-believe. *In* Strom, R. (Ed.), *Growing Through Play: Readings for parents and Teachers*. Monterey, Calif.: Brooks/Cole.

Rosen, C. and Rosen, H. (1973). *The Language of Primary School Children*. Harmondsworth: Penguin.

Rubin, K. H. and Howe, N. (1985). Toys and play behaviours: An overview. *Topics in Early Childhood Special Education*, 5(3), 1-10.

Rutter, M. (1982). *Helping Troubled Children*. Harmondsworth: Penguin.

Saltzberger-Wittenberg, I., Gianna, H. and Osborne, E. (1983). *The Emotional Experience of Learning and Teaching*. New York: Routledge and Kegan Paul.

参考文献

203

Saunders, G. (1982). *Bilingual Children*: *Guidance for the Family*. Multilingual Matters, 3. Clevedon, Avon.

Sava, S. G. (1975). *Learning Through Discovery for Young Children*. New York: McGraw Hill.

Schiller, F. (1945). *The Aesthetic Letters*, *Essays and the Philosophical Letters*. Boston: Little Brown.

Schiller, F. (1954). *On the Aesthetic Education of Man* (Trans. R. Snell). New Haven: York University Press.

Schofield, W. (1979). *Haringey Reading Project*. Final Report to the DES (unpublished).

Schools Council (1983). *Primary Practice*: *A Sequel to the Practical Curriculum*. Schools Council Working Paper No. 75. London: Methuen.

Schwartzman, H. B. (1982). Play as a mode. *Behavioural and Brain Sciences*, 5, 168-169.

Shipman, M. (1983). *Assessment in Primary and Middle Schools*. London: Croom Helm.

Shuard, H. (1984). Mathematics in English primary schools. *The Elementary School Journal*, 84(5), 583-594.

Simon, T. (1985). Play and Learning with Computers. *Early Child Development and Care*, 19(1/2), 69-78.

Singer, D. and Singer, J. (1977). Family television viewing habits and the spontaneous play of pre-school children. *In* Smart, M. and Smart, R. (Eds), *Readings in Child Development and Relationships*, 2nd Edn. New York: Macmillan.

Singer, D. and Singer, J. (1981). Raising boys who know how to love. *In* Strom, R. (Ed.), *Growing Through Play*: *Readings for Parents and Teachers*. Monterey, Calif.: Brooks/Cole.

Sloboda, J. (1985). Infant perception. *In* Branthwaite, A. and Rogers, D. (Eds), *Children Growing Up*. Milton Keynes: Open University Press.

Smith, P. K. (1977). Social and fantasy play in young children. *In* Tizard, B. and Harvey, D. (Eds), *The Biology of Play*. London: Spastics International Medical Publications.

Smith, P. K. (1982). Does play matter? Functional and evolutionary aspects of animal and human play. *Behavioural and Brain Sciences*, 5 (1), 139-184.

Smith, P. K. (Ed.)(1984). *Play in Animals and Humans*. Oxford: Basil Blackwell.

Smith, P. K. (1988). The relevance of fantasy play for development in young children. *In* Cohen, A. and Cohen, L. (Eds), *Early Education: The Pre-school Years*. London: P. C. P.

Smith, P. K. and Connolly, K. (1977). Social and aggressive behaviour in pre-school children as a function of crowding. *Social Sciences Information*, 16, 601-620.

Smith, P. K. and Connolly, K. (1980). *The Ecology of Pre-school Education*. Cambridge: Cambridge University Press.

Smith, P. K. and Green, M. (1975). Aggressive behaviour in English nurseries and play groups: Sex differences and response of adults. *Child Development*, 46(1), 211-214.

Smith, P. K. and Simon, T. (1984). Object play, problem-solving and creativity in children. *In* Smith, P. K. (Ed.), *Play in Animals and Humans*. Oxford: Basil Blackwell.

Southworth, G. (Ed.) (1987). *Readings in Primary School Management*. Lewes: Falmer Press.

Stallibrass, A. (1974). *The Self-respecting Child*. London: Thames and Hudson.

Stern, C. (1987). The recognition of child abuse. *In* Maher, P. (Ed.), *Child Abuse: The Educational Perspective*. Oxford: Basil Blackwell.

Stevens, P. Jr (1977). Laying the groundwork for an anthropology of

参考文献

play. *In* Phillips-Stevens, Jr(Ed.), *Studies in the Anthropology of Play: Papers in Memory of B. Allan Tindale.* New York: Leisure Press.

Stone, G. P. (1982). The play of little children. *In* Herron, R. E. and Sutton-Smith, B. (Eds). *Child's Play.* New York: John Wiley.

Strom, R. (Ed.)(1981a). *Growing Through Play: Readings for Parents and Teachers.* Monterey, Calif. : Brooks/Cole.

Strom, R. (1981b). The merits of solitary play. *In* Strom, R. (Ed.), *Growing Through Play: Readings for Parents and Teachers.* Monterey: Calif. : Brooks/ Cole.

Sutton-Smith, B. (1986). *Toys as Culture.* New York: Gardner Press.

Sutton-Smith, B. and Kelly-Byrne, D. (1984). The idealization of play. *In* Smith, P. K. (Ed.), *Play in Animals and Humans.* Oxford: Basil Blackwell.

Sylva, K. (1977). Play and Learning. *In* Tizard, B. and Harvey, D. (Eds.), *The Biology of Play.* London: Spastics International Medical Publications.

Sylva, K. , Bruner, J. S. and Genova, P. (1977). The role of play in the problem- solving of children 3-5 years old. *In* Bruner, J. S. , Jolly, A. and Sylva, K. (Eds), *Play: Its Role in Development and Evolution.* Harmondsworth: Penguin.

Sylva, K. , Roy, C. and Painter, M. (1980). *Child Watching at Playgroup and Nursery School.* London: Grant McIntyre.

Tamburrini, N. (1982). Play and the role of the teacher. *Early Child Development and Care*, 8(3/4), 209-217.

Tinbergen, N. (1976). *The Importance of Being Playful.* London: BAECE Publications 1.

Tizard, B. (1977). Play: The child's way of learning. *In* Tizard, B. and Harvey, D. (Eds), *The Biology of Play.* London: Spastics International Medical Publications.

Tizard, B. and Harvey, D. (Eds)(1977). *The Biology of Play*. London: Spastics International Medical Publications.

Tizard, B. and Hughes, M. (1984). *Young Children Learning: Talking and Thinking at Home and at School*. London: Fontana.

Tizard, B., Blatchford, P., Burke, J., Farquhar, C. and Plewis, L. (1988). *Young Children at School in the Inner City*. London: Lawrence Erlbaum Associates.

Tough, J. (1977a). *The Development of Meaning: A Study of Children's Use of Language*. London: Allen and Unwin.

Tough, J. (1977b). *Talking and Learning: A Guide to Fostering Communication Skills in Nursery and Infant School*. London: Ward Lock Education for Schools Councll.

Turnure, J., Buium, N. and Thurlow, M. (1976). The effectiveness of interrogations for promoting verbal elaboration productivity in young children. *Child Development*, 11, 780-787.

Vandenberg, B. (1986). Mere child's play. *In* Blanchard, K. (Ed.), *The Many Faces of Play*. The Association of the Anthropological Study of Play, Vol. 9. Champaign, Illinois: Human Kinetics.

Vygotsky, L. S. (1932). *Thought and Language*. Cambridge, Mass.: MIT Press.

Vygotsky, L. S. (1933). Play and its role in the mental development of the child. *In* Bruner, J. S., Jolly, A. and Sylva, K. (1977). *Play: Its Role in Development and Evolution*. Harmondsworth: Penguin.

Vygotsky, L. S. (1977). *Thinking and Speech* (Trans. A. Sutton). Centre for Child Study, University of Birmingham.

Vygotsky, L. S(1978). Mind in society: the development of higher psychological processes. *In* Cole, M., John-Steiner, V., Scribner, S. and Souberman, G. (Eds), *Mind in Society*. Cambridge, Mass.:

参
考
文
献

Howard University Press.

Wagner, D. A. and Stevenson, H. W. (1982). *Cultural Perspectives on Child Development*. San Francisco: W. H. Freeman.

Wall, W. D. (1961). Meeting the deprivation imposed by handicap. *Speciai Education*, 50(4), 24.

Webb, L. (1967). *Children with Special Needs in the Infants' School*. London: Collinsl Fontana.

Weikart, D. P., Epstein, A. S., Schweinhart, L. and Bond, J. T. (1978). *The Ypsilanti Pre-school Curriculum Demonstration Project: Pre-school Years and Longitudinal Results*. Ypsilanti, Mich. : High/Scope Educational Research Foundation.

Weir, R. H. (1962). *Language in the Crib*. The Hague: Mouton.

Weisler, A. and McCall, R. (1976). Exploration and Play. *American Psychologist*, 31, 492-508.

Wells, G. (1985a). *Language Development in the Pre-school Years*. Cambridge: Cambridge University Press.

Wells, G. (1985b). Language and learning. *In* Wells, G. and Nicholls, J. (Eds), *Language and Learning: An Interactional Perspective*. Lewes: Falmer Press.

Wells, G. (1986). *The Meaning-makers: Children Learning Language and Using Language to Learn*. New Hampshire: Heinemann Educational.

Wells, G. (1988). Language and learning: an interactional perspective. *In* Cohen, A. and Cohen, L. (Eds), *Early Years Education: The Pre-school Years*. London: Paul Chapman.

Wells, G. and Nicholls, J. (Eds)(1985). *Language and Learning: An Interactional Perspective*. Lewes: Falmer Press.

Wetton, P. (1983). Some observations of interest in locomotor and gross motor activity in nursery schools. *P. E. Review*, 6(2), 124-129.

Wetton, P. (1988). *Physical Education in the Nursery and Infant School*. London: Croom Helm.

Whitbread, N. (1987). Gender in primary schooling. *In* Lowe, R. (Ed.), *The Changing Primary School*. Lewes: Falmer Press.

Whiting, B. B. (Ed.) (1963). *Six Cultures: Studies of Child Rearing*. New York: John Wiley.

Wiles, S. (1985). Language and learning in multi-ethnic classrooms: Strategies for supporting bilingual studies. *In* Wells, G. and Nicholls, J. (Eds), *Language and Learning: An Interactional Perspective*. Lewes: Falmer Press.

Wilkinson, P. (Ed.) (1980). *In Celebration of Play: An Integrated Approach to Play and Child Development*. London: Croom Helm.

Williams, M. and Somerwill, H. (1982). 40 *Maths Games to Make and Play: The Early Years*. London: Macmillan Education.

Winkley, D. (1987). Passion and purposes: Curriculum design and the creation of meaning. *In* Lowe, R. (Ed.), *The Changing Primary School*. Lewes: Falmer Press.

Wood, D., McMahon, L. and Cranstoun, Y. (1980). *Working with Under Fives*. London: Grant McIntyre.

Wood, H. and Wood, D. (1983). Questioning the pre-school child. *Educational Review*, 35(2), 149-162.

Woodhead, M. (1981). Cooperation in early education: What does it mean? Why does it matter? *Early Child Developmenl and Care*, 7(2/3), 235-252.

Woodhead, M. (1988). Let children be our guide. *Times Educational Supplement*, 12 August, p. 13.

Wragg, E. C. (1987). *Teacher Appraisal: A Practical Guide*. London: Macmillan.

Yardley, A. (1984). Understanding and encouraging children's play. *In*

参考文献

Fontana，D. (Ed.)，*The Education of the Young Child*，2nd edn. London：Open Books.

Zigler，E. and Valentine，J. (Eds) (1979). *Project Headstart：A Legacy of The War on Poverty*. New York：Free Press.